大学生のための
最重要 **英語構文540**
Touchdown

吉ゆうそう

南雲堂

INTRODUCTION

パブロフの実験

　[パブロフの実験]を知っていますか？パブロフ博士（Ivan Patrovich Pavlov 1849～1936．旧ソ連の生理学者）は、犬にエサを与える時に必ずベルを鳴らすという実験をしました。ある一定期間これを続けた後に、エサを与えずにベルだけを鳴らしても、従来通り犬の口腔内に反射的に唾液が出ることを確認しました。これがいわゆる条件反射（conditioned response [reflex]）です。

　語学学習も原則的にこのパブロフの条件反射と変わりません。何度も何度も、音読・暗記という条件づけを行って、然るべき時にそれが当意即妙に口をついて出てくることこそが語学の条件反射なのです。大学生の英語学習においても基本的な文法構文を反射的に使えるようになることは「コミュニケーション」という言葉が重要視される現代でも変わることはありません。

　考えてみれば、私たちが母国語を何不自由なく使えるのも膨大な条件づけを積み重ねた結果に他なりません。母国語習得と同じ原理を用いれば良いのです。ただし、限られた時間内に効果的に語学を身につけるには、無駄な努力を徹底的に排除せねばなりません。英語の条件反射を養成するためには、**徹底的に無駄を省いた最重要な構文を暗記する**ことこそが何よりも大切です。

英語の九九

　覚えるべき基本的な英語構文の数は最小限で約 500 〜 550 存在します。この約五百数十の英文は、例えて言えば「英語の九九（くく）」に相当します。日本人なら小学 3 年生以上の誰もが「サザンガ」と言われた瞬間に「キュー」という音（おと）を想起します。「ハッパ」と言えば「ロクジューシ」と口をついて出てきます。これらの反射運動は思考を必要としません。次の 5 つの英文の意味がわかりますか。

---

1. **I owe** what I am today **to** my parents.　　(224)
2. **There used to be** a temple around here.　　(70)
3. **I couldn't help** laugh**ing** in spite of myself.　　(178)
4. It **never** rains **but** it pours.　　(336)
5. I kept silent **lest** I **should** disturb him.　　(428)

（　　　は本編中で扱う構文の通し番号です）

　これらの英文の太字部分のそれぞれが「英語の九九」です。さらに拡大して言えば、これらの英文そのものが「英語の九九」なのです。以下に和訳をつけておきますが、正答が 3 つ未満の人は危険信号がともっています。大至急本書で構文暗記をスタートすることをお勧めします。

> 1. 私が今日あるのは両親のおかげだ。
> 2. 昔このあたりにお寺があったものだ。
> 3. 私は思わず笑わないではいられなかった。
> 4. 降ればどしゃぶり（諺）。
> 5. 私は彼の邪魔をしないように黙っていた。

暗記は頭の良いやり方

　「暗記は面倒だ」という人が多いのに驚きます。また、「暗記は頭の悪い人のやる作業だ」と断言する乱暴な人もいます。とんでもないことです。先程のかけ算の九九を考えてみましょう。ほんの一時期、集中して暗記作業をするエネルギーが必要ですがいったん記憶中枢の中にinputされてしまえば永久に頭の中に残り、いつでもどこでも瞬時に引き出して使えるのです。outputする際のエネルギーもゼロです。こんな便利な暗記を「頭の悪い人のやること」とどうして言えるでしょうか。逆に、もしかけ算の九九を暗記しないで数学の計算をしてみると仮想してみましょう。簡単な5×4も、いちいちそのつど5を4回たし算しなければなりません。それだけのエネルギーの消耗は大変なものです。より高度な、本来問われている計算にまでたどりついた頃は時間切れとなり、思考力のロスも大変なものとなっているでしょう。「ゴシ20」と瞬速の暗算ができるのは暗記のおかげですね。

　以上でおわかりのように、暗記は実に頭の良い学習方法なのです。

音読による構文暗記は全ての始まり

　言語の本質は音です。はるか昔には文字は存在しませんでした。ことばは本来口からでた瞬間に空中に消えてゆく音なのです。従って英語の本質かつ理にかなった学習方法は、英文を音読して暗記することなのです。語学とは「初めに暗記あり」です。語学のスタート時点は音読・暗記に他なりません。長年語学教育に携わってきた私が一言でその修得の極意（knack）は何かと問われるとためらいなくこう言います。

> 「意味のわかった英文を
> 　　　何度も言って
> 　　　　　暗記する」

　これしかありません。他に魔法の技はないのです。まして一夜にしてマスターできる万能薬（panacea [pæ̀nəsíːə]）などある訳がありません。徹底的に音読して覚えて下さい。また覚えた英文を紙に書いて目で確認することも大切です。意外と冠詞、数、時制などがいい加減に input されている傾向にあるからです。一言一句正確に覚えなければ誤解が拡大再生産されますから、かえって有害です。

　「構文暗記は全ての始まり」です。全てとは英文法や英文読解などのあらゆる項目の基礎作りという意味です。構文をコツコツと覚える作業は単に構文力養成にとどまりません。英語のリスニングやスピーキングにもつながる総合戦力の獲得なのです。即効性もあります。

英文を英文のまま理解できるようになる

　この構文暗記には、もうひとつ重要な効果があります。それは、英語の読解において威力を発揮することです。英語構文がしっかり脳裏に刻まれている人には、茫洋たる英文の海の中を泳いで読解作業をしていても重要構文はまるでその部分が3D（立体）文字のように浮き上がって見えるのです。

　この本の1本1本の英文を丁寧に暗記してゆく過程で自分の中にあるひとつの重要な変化が生じつつあることに気づくでしょう。それは、**英文を英文のまま理解できる**ようになることです。いわゆる直読直解力が養われるのです。これこそ「英語への開眼」の瞬間なのです。今まで英文を文末から「解読」して訳し上げ、自分の書いた訳文を読んでから初めてその英文の内容を理解するという初歩的段階から一歩も出ることができなかった自分が英文を英文のまま肌で理解できるようになった瞬間。これは感動的な体験です。たゆまず暗記を続けてゆけば遅かれ早かれこのコペルニクス的回転は必ず訪れます。そうなればしめたものです。あとは加速度的に英語力が伸長してゆきます。頭の中がネイティブになってゆく快感は体験した人でなければわかりません。

厳選に厳選を重ねた 542 本

　本書のタイトル『**大学生のための最重要構文 540**』が示すとおり、最重要な英語構文を 542 本徹底的に厳選しました。安心して覚えて下さい。不必要な英文は 1 本もありません。
　5 本を除くすべての英文は最も暗記しやすい 15 語以内に徹底的に吟味して作成しました。(一部は英文の自然さを守るために敢えて 16 〜 17 語としてあります。)
　目次を見てもらうとわかりますが、第 5 文型の項目があるのに、第 1 〜第 4 文型の項目はありません。これは学習者がつまずくポイントを徹底的に検討した結果、日本語を母国語とする日本人には、第 5 文型が理解しにくい上に、英語構文の心髄がこの文型にあるという理由に依拠しています。(もちろん第 1 〜第 4 文型で重要なものは他の項目で網羅されているので、取りこぼしの心配は一切無用です。)
　また、否定、比較、関係詞、仮定法の項目に多くのページを割き、例文も豊富に揃えていることも、これらが英語学習をする人たちにとってわかりにくいポイントであるからに他なりません。「542 本に抑える」という大原則のために泣く泣くカットした英文も少なくありません。それだけに収録された英文はすべて一級ぞろいです。

Notes にも豊富な例文

　Notes にはなるべく多くの 書換 等の英文を用意しました。208 本あります。本文 542 本と合わせると 750 本となり、構文に関する限り本書はまさに必要にして十分な数を集録しています。本文の暗記が最優先ですが、可能な限り Notes の英文も覚えて下さい。

基本的な使い方

　本書の利用方法を紹介しましょう。まずは左のページの英文を見て、日本語で意味がとれるか確認しましょう。次に右ページの和文や Notes を参照して構文を理解し、何度も英文を音読して頭の中にたたきこみましょう。ある程度英文が定着したと感じたら、今度は右ページの和文から見て、頭の中で又は口頭で英作文をし、即座に左ページの英文を見て自分の弱点をチェックして英文を正確に暗唱します。

　焦らないで暇を見つけてはコツコツと行ってください。「ウサギと亀」の亀の気分でやってください。5 分でも暇な時間があればとりかかりましょう。社会に出てから必要とされる英語力を身につけるには大学の授業時間だけではとても足りません。英語の学習に王道はありません。地道に基本的な英文を習得することで、自信をもって英語でコミュニケーションできるようになります。

添付の音声を使って「シャドーイング」を

　本書に添付の CD を毎日聴いて英文を暗唱して下さい。ネイティブの発話のすぐ後について英文を読むシャドーイングを何度も繰り返すことにより、美しい発音の英文がやがて自然に口から出てくるようになります。大いに活用して下さい。

本書があなたの「英語開眼」の書となることを祈っています。

もくじ

INTRODUCTION　　　　　　　　　　　　3

本編

1. It を主語にした構文　　　　　　　　14
2. It を仮目的語にした構文　　　　　　22
3. It is ～ that ... の強調構文　　　　　24
4. 第5文型を用いた文　　　　　　　　26
5. There 構文　　　　　　　　　　　　30
6. 受動態　　　　　　　　　　　　　　34
7. 助動詞　　　　　　　　　　　　　　36
8. 不定詞　　　　　　　　　　　　　　44
9. 分詞　　　　　　　　　　　　　　　54
10. 動名詞　　　　　　　　　　　　　　62
11. 関係詞　　　　　　　　　　　　　　70
12. 比較　　　　　　　　　　　　　　　84
13. 否定　　　　　　　　　　　　　　　98
14. 条件・仮定　　　　　　　　　　　114
15. 譲歩　　　　　　　　　　　　　　122
16. 接続詞　　　　　　　　　　　　　126

17. 強調	142
18. 倒置	144
19. 無生物主語	146
20. 同格	150
21. 挿入	152
22. 省略	152
23. 代名詞	154
24. 時制	158
25. 付帯状況の with	162
26. 疑問詞を含む構文	164
27. 命令文を含む構文	166
28. その他の重要構文	168
あとがき	172
INDEX	173

本書の表記上の注意

1. イタリック表記は、同品詞の他の語が入っても英文が成立可能という意味。

    (例) Don't **leave** your work *undone*.
    (*undone* → *unfinished* / *halfway finished* etc.)

2. (　) 内の語は省略可能という意味。

    (例) **It is** (**of**) **no use** try**ing** to argue with him.
    (= It is no use trying ~.)

3. [　] 内の語は代入語。差し換えてもほぼ同じ意味で使用可能。

    (例) **I would rather** [**sooner**] die **than** do it
    (rather → sooner に代入可)

4. 脚注での「原形」とは「動詞の原形」の意。

    (例) You had better not **drink** too much.
    の **drink** は**原形**。

1 It を主語にした構文

- [ ] 1. **It** is a long time since I saw you last.

- [ ] 2. **How far is it from** here **to** the station?

- [ ] 3. **It** will be dark by the time the police come here.

- [ ] 4. **It is very *kind* of you to** show me the way.

- [ ] 5. **It** is *necessary* for you to make the best use of your time.

- [ ] 6. **It is not too much to say that** this is the age of cars.

- [ ] 7. **It goes without saying that** health is above wealth.

Notes

1. 時の it。(書換) It's been a long time since I saw you last. 直訳「あなたに会って以来、長い時間になります」。**2.** 距離の it。この問いに対して It's about a mile on foot.「徒歩で約 1 マイルです」と答えたりする。(類例) How **long** does it take to get there by train?「そこまで列車で行くのにどのくらい**時間**がかかりますか」。**3.** 明暗の it。by the time ＋節で「〜が…するまでに」。**4〜5.** It は仮主語で、of [for] 以下が真主語。

1. 久しぶりですね。

2. ここから駅まではどのくらいありますか。

3. 警察がここに来るまでには暗くなっているだろう。

4. 道案内を**して頂き、ありがとうございます。**

5. 与えられた時間をできるだけ**利用することが必要です。**

6. 今は車の時代だ**と言っても過言ではない。**

7. 健康が富に勝ること**は言うまでもない。**

of [for] ～ to は S + V 関係。述部に人の性格を示す形容詞 (kind, rude, etc.) が来れば of を、判断を示す形容詞 (necessary, important, etc.) が来れば for をそれぞれ置く。 4. 〔書換〕**Thank you so much for** show**ing** me the way. 6. It ～ to 構文。〔書換〕**It is safe to say that** this is the age of cars. 7. It ～ that 構文。〔書換〕**It is needless to say that** health is above wealth.

☑ 8. **It is natural that** the company **should** be accused of causing air pollution.

☑ 9. **It may safely be said that** he is a genius.

☑ 10. **It is (of) no use** try**ing** to argue with him.

☑ 11. **It will do you good to** have a holiday.

☑ 12. **It is often said that** a good way to lose weight is to stop eating sweets.

☑ 13. **It cost me** 50 dollars **to** have my watch fixed.

☑ 14. **It doesn't follow that** a man is great because he knows many things.

☑ 15. **It is no wonder that** he failed.

☑ 16. **It stands to reason that** you get punished when you break the law.

Notes

8. It ～ that 構文。should は「**感情・判断の should**」で、「当然である」という判断が示されている。類例 **It is odd [strange] that** he **should** say things like that.「彼がそんなことを言うとは変だ」。be accused of 「～のことで告訴される」。**10. It is (of) no use** ～ . の of は略すことが多い。trying 以下が It に対する真主語 (☞ 523)。**11.** It ～ to 構文。 do ＋人＋ good「体に良い」（熟語）。**12.** It ～ that 構文。**13.** It ～ to 構文。

8. その会社が大気汚染で告訴される**のは当然である**。

9. 彼は天才だ**と言っても差しつかえない**だろう。

10. 彼と議論しようと**しても無駄**だ。

11. 休暇をとる**ことは体に良い**でしょう。

12. 減量する良い方法は甘い物を食べることをやめることだ、**とよく言われている**。

13. 時計を修理してもらう**のに** 50 ドル**かかった**。

14. 人は多くのことを知っているからといって偉い**ということにはならない**。

15. 彼が失敗したの**は少しも驚きではない**。

16. 法律を犯したら罰を受ける**というのは、もっともなこと**だ。

・・・・・・・・・・・・・・・・・・・・・・・・・・・

第 4 文型 (S・V・O・O) で「人にとって金を要する」の用法。「私にとって」の me は省略可。p.18 の 18 と対比して覚えよう。**14.** 類例 If it is true, **it follows that** he is responsible for the accident.「もしそれが本当なら、彼はその事故の責任がある**ということになる**」。 because「〜だからといって」。**15.** 書換 **No wonder** (that) he failed. **16.** It 〜 that 構文で、赤字部分は慣用表現。

- 17. **It is taken for granted that** students know how to express themselves.

- 18. **It took** him three years **to** write the novel.

- 19. **How long does it take** you **to** get here from your house by train?

- 20. **It is one thing to** acquire knowledge; **it is quite another to** apply it.

- 21. **It occurred to** *me* **that** I had left my bag on the train.

- 22. **It is worth while** read**ing** the novel.

- 23. **It makes no difference** *to me* **whether** she lives in a city **or** in the country.

- 24. **It doesn't matter** *to me* **how** it is done so long as it is done.

Notes

17. (☞36) It 〜 that 構文。 **18.** (☞13) It は時の it。 13 と同様、第 4 文型で「to 以下をすることは彼にとって 3 年を要した」の意。him は省略可。cost が金だけを目的語にするのに対し、take は時間・労力を目的語とする。 〔類例〕**It** usually **takes** a lot of *time* and *energy* **to** master a foreign language.「外国語をマスター**するには**普通多くの時間と労力**が必要だ**」。 **21.** 〔書換〕**It struck me [crossed my mind] that** 〜. も覚え

1. It を主語にした構文　19

17. 学生が自分の考えたことを表現できる**のは当然のこと と考えられている**。

18. 彼はその小説を書く**のに** 3 年**かかった**。

19. あなたの家からここまで来る**のに**電車で**どのくらいか かりますか**。

20. 知識を得る**のと**、その知識を用いる**のとは全く別のこ とである**。

21. 私**は**列車の中に**カバンを忘れたことをふと思い出し た**。

22. その小説を読むことはそれだけの価値がある。

23. 彼女が都市に住んでいるか、**それとも**田舎に住んでい るかということは、私には**どうでも良いことだ**。

24. それが行われさえすれば、**どう**行われる**かは**私にとっ ては**どうでも良いことだ**。

よう。 22. 書換1 **It is worth while to** read the novel. while は time のことで「～するだけの時間に値する」が原義。 書換2 The novel **is worth** reading. (☞ 181) これは主語の書換例。**23～24** は関連表現。
書換 **It is all the same** *to me* **whether** [**how**] ～. 「～は私には同じこ とだ」。 類例 **It matters little** *to me* **whether** [**how**] ～. 「～は私には あまり問題でけない」。

☐ 25.　**It depends on** your own efforts **whether** you will suceed **or not**.

☐ 26.　**It won't be long before** we *can enjoy* space travel.

☐ 27.　I wonder **what it is like to** travel through space.

☐ 28.　**It happened that** the train was delayed on account of snow.

☐ 29.　**It seemed** obvious *to me that* the plan needed a few revisions.

☐ 30.　Nothing is the matter with the car. **It's just that** you are a bad driver.

Notes

25. It 〜 whether 構文。**26.** won't［wount］＝ will not。時の it。「我々が宇宙旅行を楽しむまでには、長くはかかるまい」転じて「まもなく〜だろう」。before 以下は副詞節だから、we'll be able to 〜と未来形にしない。［副詞節内では未来の内容でも、現在形又は現在完了形を使う ］。 応用例 **It was**［**took**］**rather long before** he got used to life in America.「彼が米国生活に慣れるまでにはかなり時間がかかった」。

25. 成功する**か否か**は、あなた自身の努力**次第だ**。

26. 宇宙旅行を楽しめる**時がまもなくやってくる**だろう。

27. 宇宙旅行するってどんなものだろう。

28. **たまたま**その列車は雪のために遅**れた**。

29. その計画は明らかに、いくつか検討すべき点がある**ように**私には**思えた**。

30. 車には何の問題もない。**ただ**君の運転がまずい**だけだ**よ。

27. it は仮主語で to 以下が真主語。類例 Now I **know what it is like to be** poor.「今では貧乏であることがどんなものかわかっています」。 **28.** 書換1 **It so happened that** 〜. 書換2 The train **happened to** be delayed on account of snow. **30. It is just that** 〜.「ただ〜なだけです」という慣用表現。**Nothing is the matter** [**wrong**] **with** 〜.「〜は何の問題もない」も覚えたい表現。

2 It を仮目的語にした構文

☐ 31. I found it *difficult to* make myself understood in English.

☐ 32. We often hear it said that the Japanese are good workers.

☐ 33. I make it a rule to take a walk for half an hour every morning.

☐ 34. I will see to it that everything is ready for your departure.

☐ 35. I'd like to make it clear that I will not change my mind.

☐ 36. They take it for granted that what is new is better than what is old.

Notes

文全体の形を整えるために使われる「仮の it」は目的格にも頻用される。**31.** found を consider, felt, thought, etc. に代えても可。**make oneself understood**「自分の言うことを他人に理解させる」で頻出。**33.** 書換1 I **make it a habit [custom/practice] to** ～ . 書換2 I **make a point of** tak**ing** a walk for half an hour every morning. (☞198)。**34.** to it を略して I will **see that** ～としても可。it は that 以下

31. 私は英語で自分の言うことを他人に理解させる**のは難しい**と思った。

32. 日本人が働き者だということを我々はよく耳にする。

33. 私は毎朝30分散歩**をすることにしている**。

34. あなたの出発の準備がすべて整う**よう取り図らいます**。

35. 私は考えを変えるつもりのないことを**はっきりさせて**おきたい。

36. 彼らは古いものより新しいものの方が良い**ということを当然だと思っている**。

を示す。[類例] **I take it that** he is from Germany.「彼はドイツ出身だと思う」(☞ 532)。 **35.** I'd like to「〜したい」。 [類例] He **made it known to the public that** he would resign from his post.「彼はその役職を辞任すること**を公表した**」。 **36.** (☞ 17) 節をとらない場合は it の部分に名詞が来る。 [例] It appears that the Japanese **take** *water* **for granted**.「日本人は水があるのを当然だと思っているようだ」。

3 It is ~ that ... の強調構文

☐ 37. **It was not until** I visited Australia **that** I realized how small Japan was.

☐ 38. **It was only when** I met him **that** I realized his true intention.

☐ 39. **It is not** what you read **but** how you read it **that counts** [**matters**].

☐ 40. **When was it that** you first met her?

☐ 41. **It is** not so much the heat as the humidity **that** makes me tired.

☐ 42. **It is** you **who** are to blame.

☐ 43. **What is it that** makes you think that way?

Notes

この構文は、強調したい語・句・節のいずれでも It is [was] の直後に置くことによって成立する。後に付随する that [which/who] は接続詞又は関係代名詞。**強調構文のポイント⇒ It is [was] 及び that [which/who] を取り除いても文の構造が壊れない**。例えば 42 の It is と who を削除すると You are to blame. という普通の表現に戻る。**37.** 462 の Not until ~ で始まる文に強調構文の枠 (It was と that) をはめたもの

37. オーストラリアを訪問**してはじめて**、日本がなんと小さな国かがわかっ**た**。

38. 私は彼に会っ**てはじめて**彼の真意を理解し**た**。

39. **肝心なのは**何を読むか**ではなくて**、どう読むか**だ**。

40. あなたが初めて彼女に会った**のはいつでしたか**。

41. 私が疲れる**のは**、暑さというよりはむしろ湿度のせい**だ**。

42. 非難されるべき**は**君**だ**。

43. 君がそんな風に考える**のはどうしてだい**（君にそんな風に考えさせる**のは何なのか**）。

(☞ 462)。**37**・**38** のお互いの not until と only when は置き換え可。 **39.** not A but B「A ではなく B」という相関語句が入ったもの。count/matter（ここでは 3 単現の S 形）は「重要である」の意の自動詞。**41. not so much A as B「A というよりむしろ B」**の比較表現に注意 (☞ 279)。 **42.** be to blame「非難されるべきである」。**43.** that way「そんな風に (= like that)」。

4 第5文型を用いた文

☐ 44. I **would like** you *to think* what you would have done in my place.

☐ 45. My mother has **made me** *what I am* today.

☐ 46. I **heard** my name *called* from behind.

☐ 47. I **saw** him *cross* the street as I got off the bus.

☐ 48. I **caught** him *stealing* pears in the orchard.

☐ 49. I'll **get** the work *done* by the time he is back.

☐ 50. Please **make yourself** *at home*.

☐ 51. I couldn't **make** myself *heard* above the noise.

Notes

五文型のうち、第5文型 (S + V + O + C) は、慣れていないと意味がとりにくい。**44〜59.** のCはすべてイタリックになっていることに留意。ポイントはO + Cの部分がS + V関係を構成すること。例えば **44.** では you to think が O + C で S と V の関係になっている。 **44.** want + 人 + to (do)「人に〜してほしい」の丁寧表現が **would like** + 人 + **to (do)**。**45.** owe A to B で書き換え可 (☞ 224)。

4. 第5文型を用いた文

44. 君が僕の立場だったらどうしたか考え**てほしい**。

45. **私の今日あるのは母のおかげである。**

46. 私はうしろから自分の名前が呼ば**れるのが**聞こえた。

47. 私はバスを降りるとき彼が通りを横断**するのを**見た。

48. 私は彼が果樹園でナシを盗ん**でいるところを**見つけた。

49. 彼がもどってくるまでに仕事**を**終えよう。

50. どうぞ**お楽になさって**下さい。

51. 騒音にかき消されて私の**声は**人に届か**な**かった。

46〜48. 知覚動詞に対応して p.p. (46)、原形 (47)、〜ing 形 (48) に変化している。原形は一部始終を見る場合、〜ing 形は一瞬を見る場合と使い分ける。**48.** catch ＋人＋ ing は好ましくない行為を目撃する際に使う。**49.** get ＋ O ＋ done [finished] で「〜を終える / 完了する」の表現。by the time ＋ S ＋ V「〜が…するまでに」。**50.** at home = relaxed「くつろいでいる」。**51.** above the noise は「騒音に打ち勝って」。

- ☐ 52. I **got** him *to wash* my car for a hundred dollars.

- ☐ 53. Please **have** someone else *do* it.

- ☐ 54. Please **keep** me *informed* of whatever happens in my absence.

- ☐ 55. Don't **leave** your work *undone*.

- ☐ 56. He **left no stone** *unturned* to carry out the plan.

- ☐ 57. **I want** this luggage *carried* to my room at once.

- ☐ 58. (The) chances are that I **had** my wallet *stolen* on the bus.

- ☐ 59. I am thinking of **get**ting it *translated* into English.

Notes

52. get＋人＋to (do)「(説得して/お願いして) 人に〜させる」。
53. have＋人＋原形不定詞「人に〜させる」。これはmake＋人＋原形のように強制してやらせる場合もあり、単に「人が〜する」の場合もある。〔例〕These days I hardly ever **have** people **call** on me.「最近めったに人がわが家を訪問しない」。**53.**〔書換〕Please **have** it **done** *by* someone else. **54.** meをinformed of「〜について知らされ

52. 私は彼に 100 ドルで車を洗ってもらった。

53. それは誰か他の人にやらせて下さい。

54. 私の留守中の出来事はすべて私に知らせて下さい。

55. **仕事を中途半端なままにして**はいけない。

56. 彼はその計画を実行するために**あらゆる手段をつくした**。

57. 私はこの荷物をすぐに私の部屋に運ん**でほしい**。

58. どうやら私はバスの中で財布**を盗まれた**らしい。

59. 私はそれを英語に翻訳**してもらおう**かなと思っている。

る」状態にしておく。〔類例〕She **kept** her face *covered* with her hands in embarrassment.「彼女は恥ずかしさのあまり顔を手で隠し続けた」。 **55.** *undone* は *unfinished* でも可。**56.** は慣用表現。 **57. want + O + p.p.**「〜を…された状態にしてほしい」。**58. have [get] + O + p.p.**「〜を…される」。had は got でも可。**59.** I'm thinking of 〜 ing.「〜しようと思っている」。getting は having でも可。

5 There 構文

- 60. **There is nothing wrong with** boys wear**ing** cosmetics, is there?

- 61. **There must be something wrong [the matter] with** the engine.

- 62. **There is no sense [point/use] in** your worry**ing** about your health so much.

- 63. **There's nothing I can do but** *give* up the idea of going abroad.

- 64. **There may come a time when** we shall meet again in the near future.

- 65. **There is nothing for you to do but** *obey* the rules.

- 66. **There being no** bus service, we had to walk all the way up there.

Notes

There 構文は、There + V + S. の第1文型。There は副詞。
60. 書換 **Nothing is wrong with** boys wea**ing** cosmetics, is it? boys 〜ing が「男の子が〜をすること」とS＋V関係の動名詞になっている。**62.** use は名詞だから [juːs] と発音。書換 **It is (of) no use** your worry**ing** about your health so much. (☞ 10)。 **63.** but は「〜以外」の意で、その後は原形不定詞。「〜する以外仕方がない」の慣

60. 男の子が化粧をして悪いことはない。そうでしょう？

61. どこかエンジンの調子が悪いに違いない。

62. そんなに健康のことを心配しても仕方がない。

63. 私は海外へ行く夢をあきらめざるを得ません。

64. 近い将来私達が再会する時があるかも知れません。

65. ルールには従う以外仕方がない。

66. バスの便がなかったので、我々はそこまでずっと歩かなくてはいけなかった。

用表現（☞ 65・338）。**64.** There の後に一般動詞 come が置かれた例。**65.** but の後は原形不定詞。**66.** There 構文を用いた分詞構文。**There being no ～**「～がない［なかった］ので」の意となり、文に戻すと As there was no bus service。There 構文の例をもう1つ。
類例 **There once lived** a man named Caesar in Rome.「かつてローマにシーザーという名の男がいた」。

☐ 67. **There are** *only a few* days left before the end of the year.

☐ 68. **There is nothing** I like **so** much **as** the smell of roses.

☐ 69. **There is no** telling what may happen in the future.

☐ 70. **There used to be** an art museum in this neighborhood.

Notes

67. **There is** [**are**] +名詞+ **p.p.**「〜された ☐ がある」というパターン。直訳「今年の終りまでには残されたほんの数日がある」。left が p.p. で「残された」の意。ここは **There is** [**are**] +☐+ **left**. で「〜が残っている」で覚える。〔例〕**There is** some beer **left** in the bottle.「ボトルにはまだ少しビールが残っている」。**There is** [**are**] +名詞+ 〜 **ing**「〜している ☐ がある」。〔例〕**There are**

67. 今年も**残りわずかな日しかない**。

68. バラの香り**ほど**私が好き**なものはない**。

69. 将来何が起こるか**はわからない**。

70. **昔**は近所に美術館**がありました**。

some cars sit**ting** over there.「あそこに何台かの停車している車がある」。**68. nothing 〜 so 〜 as ...** 構文。「…ほど〜なものはない」。〔書換〕There is **nothing** I like **better than** the smell of roses. **69. There is no 〜 ing.**「〜することは不可能である」。〔書換〕**It is impossible to** tell what may happen in the future. **70. There used to be 〜**「昔〜があったものだ」。上記以外の There 構文は 535・536・541 参照。

6 受動態

☐ 71. I **was robbed of** my wallet by the man sitting next to me.

☐ 72. **Let** it **be done** by six this evening.

☐ 73. A new museum **is being built** at the center of the city.

☐ 74. It may be said that a man **is known by** the company he keeps.

☐ 75. He **is known to** almost everybody throughout the world.

☐ 76. He **was made to** do it against his will.

☐ 77. He **was seen to** enter the room.

Notes

71. rob ＋人＋ of ＋物「人の物を奪う」の受動態。人が主語になる。(×) My wallet was robbed of me. 動詞が steal なら、**have [get]** ＋ **O** ＋ **p.p.** の準受動態を使う。比較 **I had [got]** my wallet **stolen**. **72.** 書換 Do it by six this evening. **73.** 受動態現在進行形で、**A is being** ＋ **p.p.**「A は〜されつつあるところである」。**74.** be known by は「〜によって正体が判断できる」。**75.** be known to ＋人「人に知

71. 私は隣に座っていた男に財布を奪われた。

72. それを夕方6時までにやって下さい。

73. 市の中心地に新しい博物館が建造されつつある。

74. 人は交わる仲間によって知られるということができよう。

75. 彼は世界中のほとんどすべての人に知られている。

76. 彼は無理やりそれをやらされた。

77. 彼が部屋に入るのが見えた。

られている」。76. 〔書換〕Someone **made** him do it against his will がその能動形。使役動詞 make などは受動態になると後の原形不定詞はto 不定詞に変化する。against one's will「人の意志に反して」(熟語)。77. の知覚動詞の場合も使役動詞と同様、受動態になると to 不定詞に変化。〔比較〕We **saw** him **enter** the room. この現象は V と原形不定詞との直接の接触を避けたい理由による。

7 助動詞

☐ 78. She **can't be** over thirty ; she **must** still **be** in her twenties.

☐ 79. **Can it be true that** he is ill?

☐ 80. His bag is right here, so he **cannot have gone** to school yet.

☐ 81. **Could** I ask a favor of you?

☐ 82. To tell the truth, I **used to** smoke two packs a day.

☐ 83. He **would** *often* sit for hours doing nothing.

☐ 84. I **would rather not** go to school today.

☐ 85. The door **would not** open.

Notes

78. cannot be「～であるはずがない」も must be「～であるにちがいない」も両方強い推量を表す。**79.** it は仮主語で that 以下が真主語。**Can it be true that** ～?「～は本当であり得ようか」。 **80. cannot have ＋ p.p.**「～したはずがない」。**81. Could I** ～?は「～しても良いでしょうか」と許可を求める丁寧な表現。ask a favor *of* you ＝ ask you a favor「人にお願いごとをする」。**82. used to** は「昔よく

78. 彼女が30歳以上で**あるはずがない**。まだ20代で**あるにちがいない**。

79. 彼が病気だというのは**一体本当だろうか**。

80. 彼のカバンはここにあるから、彼はまだ学校に行っ**たはずがない**。

81. ひとつお願い**をしてもいいでしょうか**。

82. 実を言うと、私は**昔**煙草を1日に2箱吸っていた**ものです**。

83. 彼は何もしないで何時間も座ってい**ることがよくあった**。

84. きょうは**あまり**学校へ行き**たくない**。

85. ドアはどうしても開かなかった。

・・・・・・・・・・・・・・・・・・・・・・・

〜したものだった」という過去の規則的習慣を述べる助動詞。**83. would (often)**「昔よく〜したものだった」は過去の不規則な習慣に言及する際に使い、often を伴うことが多い。doing nothing「何もしないで」。**84. would rather not** 〜「できれば〜したくない」。[類例] **I would rather** stay home.「どちらかというと家にいたい」。**85.**「どうしても開かない」なら **will** not open。

☑ 86. I would rather [sooner] die than do it.

☑ 87. He may well be proud of his father.

☑ 88. On such a rainy day, I may [might] as well stay at home.

☑ 89. You might as well throw your money into the sea as lend it to him.

☑ 90. A nation need not necessarily *be* powerful to be great.

☑ 91. You need not have had your house painted ; you could have painted it yourself.

☑ 92. You had better leave it unsaid.

☑ 93. You had better not drink too much coffee so late at night.

Notes

86. would rather [sooner] の文では, than 以下を略す場合も多い。**would rather A than B「B するくらいなら A した方がよい［ましだ］」**。（書換）**I would as soon die as do it.** **87. may well ＝ have every reason to**。（書換）He **has every reason to** be proud of his father. **88. may [might] as well「～した方がよい」**は had better の弱形。might はより控え目。**89. might as well A as B「B するくらいなら**

86. 私はそれをするくらいなら死んだ方がいい。

87. 彼がお父上を自慢するのももっともだ。

88. こんな雨の降る日には、家にいた方がいい。

89. 彼に金を貸すくらいなら、海に投げて捨てた方がましだ。

90. 国が偉大であるには必ずしも大国である必要はない。

91. 君は家をペンキ塗りしてもらう必要はなかったのに。自分でやろうと思えばできただろうに。

92. それは言わないでおいた方がいいよ。

93. 君は夜そんなに遅くコーヒーを飲みすぎない方がいいよ。

A した方がましだ」。**90.** not の後は原形。一般動詞の need で書き換えると、(書換) A nation **does not** necessarily **need to be** powerful to be great. **91. need not have** + **p.p.**「〜する必要はなかったのに」。**have your house painted**「家をペンキ塗りしてもらう」。**could have** + **p.p.**「〜できたであろうに」。**92.** leave it unsaid「それを言わずにおく」。**93. had better not** +原形「〜しない方がよい」。

☐ 94. You shall not have your own way in everything.

☐ 95. The light is on. Shall I turn it off or leave it on?

☐ 96. Let's have [get] our picture taken with the statue in the back, shall we?

☐ 97. "Would you mind putting her on the phone?" "Not at all."

☐ 98. She hasn't come here yet. I am afraid she may have lost her way.

☐ 99. You ought not to have said a thing like that to him.

☐ 100. You must have been surprised to find me with her alone last night.

Notes

94. 話者の意志を表す shall。**You shall**「君に～させよう」。類例 **You shall** have these cookies.「君にこのクッキーをあげよう」。**You shall not ～**.「君には～させないぞ」。have one's own way「わがままにする／思い通りにする」。**95. Shall I ～?**「～しましょうか」。**96. Let's ～, shall we?**「しましょうよ（ね）」。Let's ～の命令文は shall we? の付加疑問文で受ける。**97. Would you ～?** は丁寧な依頼の表

94. 何でもかんでも君の好き勝手ばかり**はさせないぞ**。

95. 明かりがついている。消**そうか**、それともつけたままにしてお**こうか**。

96. その彫像をバックにして私達の写真を撮ってもら**いましょうよ**。

97. 「彼女を電話に出し**て頂けませんか**。」「かしこまりました。」

98. 彼女はまだ来ていない。道に迷っ**たのかも知れない**と思う。

99. 君**は**彼にあんなこと**を言うべきではなかったのに**。

100. あなた**は**昨晩私が彼女と二人きりでいるところを見つけて驚い**たにちがいない**。

現。mind は動名詞を目的語にとる動詞。**Would you mind 〜 ing?**「〜することを（お願いしたいが）お気に障りますか」が原義なので「いいえ気になりません」で "Not at all." となる。**98. may have + p.p.**「〜したかも知れない」。**99. ought not to have + p.p.** = should not have + **p.p.**「〜すべきではなかったのに」。**100. must have + p.p.**「〜したにちがいない」。

☑ 101.　You **should have known better than to** take an examination without preparing for it.

☑ 102.　I **should have gone** to bed earlier last night, for I'm so sleepy now.

☑ 103.　My letter **should have reached** him about this time.

☑ 104.　He **ought to have come** by now.

☑ 105.　**How dare** you *speak* to me like that !

Notes

101. should have + p.p. = ought to have + p.p.「〜すべきであった」。**know better than to (do)** は「〜するほど愚かではない」の慣用表現。合成すると「〜するほど愚かではなくあるべきであった」→「〜するなんて馬鹿なことをすべきでなかった」。**102.** for は接続詞で「というのは〜だから」。because の弱い形として使う。**103. should [ought to] have + p.p.** は「(今頃は)〜してしまっているは

101. 君は準備なしで受験するなんて馬鹿なことを**すべきでなかったね**。

102. 昨夜は早めに寝**るべきだった**。というのは、今とても眠いからだ。

103. 私の手紙**は**今頃は彼のところに届い**ているはずだ**。

104. 彼**は**もう来**てもいいはずなのに**。

105. 君は**よくも**私にそんな口がき**けるな**。

・・・・・・・・・・・・・・・・・・・・・・・・・・・

ずだ」という推量。101〜102. の should have + p.p. の用法との区別は文全体の意味から行う。**104. ought to have + p.p. = should have + p.p.**「(もう本来なら)〜してしまっているはずだ」という本来然(しか)るべき状態になっていない現状に対する不満・疑念の表現。by now「今頃は」。**105. dare** は「敢(あ)えて〜する / 思い切って〜する」の助動詞。従って speak は現在形ではなく原形である。

8 不定詞

- 106. **To** keep early hours makes you healthy.
- 107. I **manage to** live on a small income.
- 108. We **can't afford to** buy a new car, let alone a foreign one.
- 109. We **happened to** take the same train.
- 110. I **have nothing to do with** the case.
- 111. He has a large family **to** provide for.
- 112. He was at a loss **what to do**.
- 113. **If** you **are to** get on in life, you must work harder.
- 114. I **am to** meet him at five at the station.

Notes

106. to 不定詞の名詞用法で to (do) は「〜すること」の意。
107. manage は「〜を何とか成し遂げる」の他動詞。to live 以下が「〜すること」の名詞。**manage to** (do) で「何とか〜する」。
108. cannot afford to (do)「〜する余裕がない」。**let alone** = **much [still] less**「まして〜は…ない」(☞ 261・262)。 **109.** 書換 It (so) **happened that** we took the same train. **110.**「〜と関係がある［な

8. 不定詞　45

106. 早寝早起きをすると健康になります。

107. 私は薄給で**何とか暮らしています**。

108. 我々に**は**新車を買う**余裕などない**。まして外車を買う余裕はない。

109. 私たち**は**たたま同じ列車に乗り合わ**せた**。

110. 私**は**その事件**とは全く関係がない**。

111. 彼には養うべき大家族がある。

112. 彼は**何をすべきか**当惑した。

113. 世の中に出て成功**しようと思う**なら、もっと一生懸命勉強しなければいけません。

114. 5時に駅で彼と会うことになっている。

い]」の表現。比較 **I have something to do with** the case「私はその事件**と**多少は関係がある」。**111.** to 以下が family を修飾し「〜すべき」の意になる形容詞用法。**112.** to do が疑問詞を修飾する形容詞用法。**113.** be + to (do) の意味は多岐に渡る。これは「〜したい」という『意図』を表す場合。**If A is to (do)**「もし A が〜しようとするなら、するためには」。**114.** 『予定』を表す be + to (do)。

☑ 115. Not a soul was to be seen on the street.

☑ 116. He was never to see his parents again.

☑ 117. Nationalism is not to be confused with patriotism.

☑ 118. Never have I *heard* anyone say a thing like that.

☑ 119. I could not but *laugh* at his joke.

☑ 120. He does nothing but *watch* TV all day long.

☑ 121. He works hard to support his large family.

☑ 122. She was angry to find the door locked.

☑ 123. He is sure to make it in the next exam.

Notes

115. この be + to (do) は『可能』を表す。書換 Not a soul **could** be seen on the street. **116.** この be + to (do) は『運命』。**117.** この be + to (do) は『義務・必要・命令』。書換 Nationalism **must not** be confused with patriotism. **118.** say は原形不定詞。heard anyone say で「誰かがそんなことを言うのを聞く」。V（動詞）が知覚動詞の時、「〜する」の部分は原形不定詞になる（☞47）。**119. cannot but**＋原

8. 不定詞　47

115. 通りには人っ子ひとり見**えなかった**。

116. 彼は再び両親と会う**ことはなかった**。

117. 国家主義と愛国心とを混同**してはならない**。

118. 私は今までに誰であれそんなことを**言うのを聞いた**ことがありません。

119. 彼の冗談に笑わ**ずにはいられなかった**。

120. 彼**は**一日中テレビ**ばかり見ている**。

121. 彼は大家族を養う**ために**精を出して働いている。

122. 彼女はドアに鍵がかかっているのがわかっ**て**腹を立てた。

123. 彼**は**次の試験で**必ず**合格する。

- - -

形不定詞「～せざるを得ない (= cannot help ～ ing ☞ 178)」。**120. do nothing but** ＋原形不定詞。「～する以外には何もしない」→「～ばかりしている」の二重否定表現。**121.**「～するために」の副詞用法の不定詞で、works を修飾。**122.** She was angry などの感情表現に付随する to 不定詞は「～して」と訳す副詞用法。**123. be sure to** (do) で「～は必ず…する」。make it「成功する」（熟語）。

☑ 124. He is rather hard **to** get along with.

☑ 125. He got up **to see if** he had turned off the light in the kitchen.

☑ 126. He was **so** *careless* **as to** leave the door open.

☑ 127. **Would you be so** *kind* **as to** open the door for me?

☑ 128. The woman was **so** *surprised* **as not to** be able to speak.

☑ 129. The box is *light* **enough for** a child **to** carry.

☑ 130. He was *careless* **enough to** get on the wrong train.

☑ 131. He is *wise* **enough not to** do such a foolish thing.

Notes

124. 「〜するには」でhardを修飾するto不定詞の副詞用法。 **125.** to see「確かめるために」。 **126〜127. so 〜 as to (do) ...** には2つの訳し方がある。126. は訳し下げて「〜にも…する／非常に〜なので…する」とする『結果』の表現。127. は訳し上げて「…するくらい〜だ」とする『程度』の表現。 **127.** 書換 **Would you be** *kind* **enough to** open the door for me?（頻出）。 **128. so 〜 as not to (do) ...**

124. 彼はなかなか折り合っていきにくい人だ。

125. 彼は起き上がって、台所の電気を消した**かどうか確かめた**。

126. 彼は不注意**にも**ドアを開け放しておいた。

127. どうかドアを開けていただけませんでしょうか。

128. その婦人は**あまりに驚いて口もきけなかったほど**である。

129. その箱は子供**が持てるほど軽い**。

130. 彼は不注意**にも**電車を乗り間違えた。

131. 彼は賢い**ので**そんな馬鹿なこと**はしない**。

・・・・・・・・・・・・・・・・・・・・・・・・・・・・・・

は訳し下げて「非常に～なので…しない／できない」の『結果』の表現。**129.** 形容詞 ＋ enough for ＋人＋ to (do) で「人が～するくらい ☐ である」と訳し上げる『程度』の表現。**130.** 形容詞 ＋ enough to (do) で「☐ にも～する」の『程度』表現。**131.** 形容詞 ＋ enough not to (do) ～「～しないくらい十分に ☐ 」→「(十分) ☐ なので～しない」の『結果』表現。

☑ 132. He had the kindness to lend me his car when mine broke down.

☑ 133. She is not so insensitive a girl as to laugh at a funeral.

☑ 134. He must be stupid not to see such a thing.

☑ 135. Please be careful not to let the dog loose.

☑ 136. That's too good a story to be true.

☑ 137. This box is too heavy for me alone to lift.

☑ 138. I got to the station only to find that the train had just left.

☑ 139. She grew up to be a great scientist.

☑ 140. Statistics show that very few people live to be a hundred.

Notes

132. have the kindness [rudeness/courage, etc.] to (do) 〜「親切［無礼/勇敢］にも〜する」として覚える。**133. not so 〜 as to** (do)「…するほど〜ではない」と訳し上げる。**134.** 判断を示す表現の後の to (do) は「〜するなんて」、not to (do) は「〜しないなんて」。**135.**「〜しないように気をつけて下さい」の表現。〔書換〕Please **take care not to** let the dog loose. **136 〜 137.** いわゆる too 〜 to 構文

8. 不定詞   51

132. 私の車が故障したとき、彼は親切にも彼の車を貸してくれた。

133. 彼女は葬式で笑うほど無神経な女の子ではない。

134. そんなことがわからないとは、彼は愚か者であるに違いない。

135. どうぞその犬を放さないように注意してください。

136. それはあまりにもうますぎる話だ。

137. この箱はあまりにも重くて私一人では持ち上げられません。

138. 駅へ着いてみたら、列車は出たばかりのところだった。

139. 彼女は成長して偉大な科学者になった。

140. 統計によれば百歳になるまで生きる人はほとんどいない。

・・

で訳し方は 2 通り。後ろからの訳では、「〜する［である］にはあまりにも…すぎる」。前からの訳では「あまりにも…すぎて〜できない［ではあり得ない］」。**138. only to**「（しかし）結局〜する／した」の『結果』用法。**139.**「成長した結果〜になった」の意の『結果』の to 不定詞。**grow up to be** 〜「成長して〜になる」。**140. live to be** 〜「〜（歳）まで生きる」。few「ほとんど〜ない」。

☑ 141. You have only to push the button to get a ticket.

☑ 142. He turned off the light so as not to waste electricity.

☑ 143. She seems to have been a beauty in her day.

☑ 144. I seem to have caught a cold. I feel a bit chilly.

☑ 145. Japanese is often said to be a difficult language to learn.

☑ 146. He is said to have been the richest man in the town then.

☑ 147. I'm sorry to have kept you waiting so long.

☑ 148. I hoped to have joined the party.

Notes

141. You have only to (do) ~ to (do) ....「…するためには～するだけで良い」と覚える。後の to (do) ... のない場合もある。[書換] **All you have to do is (to)** push the button **to** get a ticket. (☞ 256)。**142. so as not to (do) = in order not to (do)**「～しないように（目的）」。**143. seem to have been ~**「～であったようである」。in one's day「～の若い頃に」（熟語）。**144. seem to have + p.p.**「～したようであ

141. 切符を手に入れ**るには**、ボタンを押**すだけでいいの**です。

142. 彼は電気を浪費**しないように**灯りを消した。

143. 彼女**は**若い頃美人**だったようだ**。

144. どうやら風邪を引い**たらしい**。少し寒気がする。

145. 日本語**は**学習するのにむずかしい言語だ**とよく言われる**。

146. 彼は当時町で最も金持ちだったと言われている。

147. 大変長らくお待たせして**申し訳ありませんでした**。

148. 私**は**そのパーティーに加わり**たかったのだが**。

る」。**145.** ~ is (often) said to be ...「~は（よく）…であると言われている」。**146 ~ 147. to have ＋ p.p.** の完了不定詞は述語動詞 (**V**) より前の時間を示す。**146.** ~ **is said to have been ...**「…であったと言われている」。 **147. I'm sorry to have ＋ p.p. ...**「…したことでごめんなさい」。**148. hoped [wished/wanted] to have ＋ p.p.** は「~したかったのだが」と実現しなかったことを示唆する表現。

9 分　詞

☐ 149. Who is the woman talk**ing** to my brother sitt**ing** next to him?

☐ 150. Japan is a country surround**ed** by the sea on all sides.

☐ 151. She looked puzzl**ed** at the abrupt question pos**ed** by a reporter.

☐ 152. The treasure is believed to lie **hidden** somewhere in the mountain.

☐ 153. The children went away, sing**ing** a song.

☐ 154. A stranger came up, ask**ing** me the way to the hospital.

☐ 155. To my dismay, he was caught cheat**ing** in the examination.

Notes

現在分詞（～**ing**）は「～している/する」という形容詞の働きを示す。**149.** talking は直前の the woman を修飾して「話している女性」、sitting も the woman を修飾して「座っている女性」。**150.** 過去分詞（略称は **p.p.** で多くは -ed 形）は「～された」などの意味の形容詞として機能する。この surrounded は p.p. として直前の a country を後置修飾し「囲まれた国」となる。**151. look** ＋ **p.p.**「～さ

149. 私の兄の隣に座って話しかけ**ている**女性は誰ですか。

150. 日本は四方を海に固ま**れた**国である。

151. 彼女は記者に突きつけ**られた**唐突な質問に当惑し**た**様子だった。

152. その宝物は山中のどこかに**隠されて**いると信じられている。

153. その子供たちは歌い**ながら**去って行った。

154. 知らない人が近づいてきて、**そして**私に病院へ行く道をたずね**た**。

155. あきれたことに、彼は試験中に不正行為を**していて**見つけられた。

れた［している］ように見える」。類例 He **looks satisfied** with the result.「彼はその結果に満足しているように見える」。posed は question を修飾する形容詞用法。**152. lie + p.p.**「〜の状態で横たわっている」。**153.** 〜 **ing** が「〜しながら」の意で文を修飾することも可能な例。**154.** asking = and asked のことで「そして〜する／した」の意。**155.** 〜 **ing**「〜している間に」。

☐ 156. I was kept waiting in the rain for as long as ten minutes.

☐ 157. Turning to the right, you will come to the museum.

☐ 158. Being written in great haste, this letter has quite a few mistakes.

☐ 159. Anxious for a quick decision, the chairman called for a vote.

☐ 160. Seen from a distance, he looks much younger than he really is.

☐ 161. Left to itself [left alone], the baby cried itself to sleep.

☐ 162. Not knowing what to say, I remained silent.

Notes

156. be kept ＋〜 ing [p.p.]「〜している［させられている］状態にされ続ける」。 比較 **I was kept** irritated by the ceaseless sound.「私は絶え間ない音によって**イライラさせられっ放しだった**」。**157**〜**162.** は分詞構文。**157.** 書換 *If you turn* to the right 〜. **158.** 受動態の分詞構文。分詞構文では、**Being は略せる**。Written in great haste, 〜 としても良い。 書換 *As it was* written in great haste, 〜.

156. 私は雨の中を10分も**待たされた**。

157. 右に**曲がると**、博物館に出ますよ。

158. あわてて**書かれたので**、この手紙には間違いがかなり多い。

159. 素早い決定を**切望していたので**、議長は投票を要求した。

160. 離れて**見ると**、彼は実際よりずっと若く見える。

161. **一人になると**、赤ん坊は泣きながら寝入った。

162. **何を言っていいか分からなかったので**私は黙っていた。

---

in haste「急いで、あわてて」。**159〜161.** は文頭の Being が略されている。**159.** 〔書換〕 *As he was* anxious for a quick decision, 〜. **160.** 〔書換〕 *When he was* seen from a distance, 〜. **161.** 〔書換〕 *When it was* left to itself, 〜. **left to oneself [left alone]**「一人になると」(☞ 187) は慣用的分詞構文で、暗記したい。**162.** 否定の分詞構文は Not 〜 ing で始める。 〔書換〕 *As I did* not know what to say, 〜.

☐ 163. Having heard it so many times, I can recite the poem by heart now.

☐ 164. Not having heard from him, I wrote to him again.

☐ 165. The door remaining locked up from inside, he could not enter the house.

☐ 166. Life being very short, we ought not to waste time.

☐ 167. His work finished, he left for home.

☐ 168. I failed the exam. Such [That] being the case, I'm studying harder this year.

☐ 169. Standing as it does on a hill, the house commands a fine view.

Notes

163〜164. は完了分詞構文で、**Having** + **p.p.** や **Not having** + **p.p.** で始める。**163.** 〔書換〕As I have heard it so many times, 〜. **164.** I wrote to him again よりも I had not heard from him の方が時間が前なので「大過去」としての過去完了形。**164.** 〔書換〕As I had not heard from him, 〜. 165〜167. は独立分詞構文（分詞が文の主語とは異なった独立した意味上の主語を持つ）。**165.** 〔書換〕As the door

9. 分詞

163. 何度も聞いた**ので**、今ではその詩をそらで言えます。

164. 何も便りがなかっ**たので**、私はもう1度彼に手紙を書いた。

165. ドアは内側から鍵がかかったままだった**ので**、彼はその家に入れなかった。

166. 人生**は**大変短いの**だから**、時間を浪費すべきではない。

167. 仕事**が**終わり、彼は帰途についた。

168. 私は試験に落ちた。**そういう訳で**、私は今年はさらに一生懸命勉強している。

169. **このとおり**丘の上にある**ので**、その家は見晴らしがいい。

---

remained locked, 〜 . **166.** 〔書換〕 *As life* is very short, 〜 . **167.** After [As] his work was finished, / *After* [*As*] *his work had been finished*, 〜 . **168. such being the case [that being the case]**「そういう訳で」は慣用的独立分詞構文。**169.** 分詞構文に **as one does** を付け加えると意味が強化され「**この通り / 何しろ**」となる。ここの does は stands のこと。as it does を抜けば普通の分詞構文に戻る。

☑170. Liv**ing as I do** in a remote village, I seldom have visitors.

☑171. **Written as it is** in plain English, the book is suitable for beginners.

☑172. **All things considered**, he led a happy life.

☑173. **Admitting what you say**, I still think I am right.

☑174. **Granting [Granted] that** it is true, it does not concern me.

☑175. **Considering** his character, his having betrayed his friends is nothing to be surprised about.

☑176. **Seeing that** he is still sick, he is unlikely to come today.

Notes

170. **as I do**「この通り / 何しろ」が挿入されている。do は live のこと。**171.** 受動態分詞構文の意味を強める **as it is**「この通り / 何しろ」。it is ＝ the book is written のこと。**172 ～ 176.** は慣用的分詞構文。普通の分詞構文と違って、これらの意味上の主語は we や one であって、文の主語と一致しなくても良い。太字の部分を全て熟語表現として覚えておけば良い。**172. All things considered**「あらゆ

170. **なにぶん**こんな辺ぴな村に住ん**でいるので**、めったに客は来ない。

171. **このとおり**やさしい英語で書かれ**ているので**、その本は初心者向きである。

172. **あらゆることを考え合わせると**、彼は幸せな人生を過ごした。

173. **君の言うことは認めるけど**、それでも私は自分が正しいと思う。

174. それが事実である**としても**、私の関知しないことだ。

175. 彼の性格**を考えたら**、彼が友達を裏切ったことは全く驚くには当たらない。

176. まだ病気**だということを考えると**、彼は今日は来そうにない。

・・・・・・・・・・・・・・・・・・・・・・・・・

ることを考え合わせると」(= **Taking all things into consideration/All things taken into consideration**)。**174. Granting [Granted] that** (= **Even though / Even supposing that**「〜だとしても」)。**175.** 類例 **Considering that** he had studied hard, he didn't do well on the exam.「一生懸命勉強した**割には**、彼は試験の成績が悪かった」。**176. Seeing that** 〜 = **Considering that** 〜

10 動名詞

☑177. Seeing is believing. (proverb)

☑178. I cannot help feeling that the attempt has turned out to be a failure.

☑179. I am looking forward to hearing from you soon.

☑180. He went abroad with a view to learning English.

☑181. The place is worth visiting at least once.

☑182. I came near (to) being drowned, trying to rescue a boy.

☑183. I narrowly escaped being run over by a truck.

☑184. It's a lot of fun making people laugh while giving a speech.

Notes

動詞に〜ingをつけると「〜すること」という名詞に変わる。これを動名詞という。**178. cannot help 〜 ing**「〜せざるを得ない」。書換 I **cannot** (**help**) **but** feel that the attempt has turned out to be a failure. (☞ 119・207)。**179. look forward to 〜 ing**「〜することを楽しみに待つ」。〜ingの代わりに名詞が来ても良い。例 I'm **looking forward to** *the day* I'll attain my goal.「私は目標を達成す

10. 動名詞　63

177. 百聞は一見にしかず。(諺)

178. その試みは結局失敗であったと感じないではいられない。

179. 私はまもなくあなたから便りがある**ことを楽しみにしています**。

180. 彼は英語を学ぶ**目的で**海外に行った。

181. その場所**は**少なくとも一度は訪問**する価値がある**。

182. 少年を助けようとしていて私**は危うく溺れるところだった**。

183. 私はもう少しでトラックにひかれ**るところだった**。

184. 演説中に人を笑わせ**ること**はとても楽しいことです。

る日を楽しみにしている」。**180.** with a view to 〜 ing = for [with] the purpose of 〜 ing。**181.** A is worth 〜 ing.「A は〜する価値がある」。〔書換〕**It is worth while** visiting [to visit] the place at least once. **182〜183.** は「危うく〜するところだった」の表現。to は省略可。**184.** It 〜 to 構文は It 〜 ing の形にしても良い。〔書換〕**It's** a lot of fun **to make** people laugh while giving a speech.

☑ 185. **Would you mind not** smok**ing**?

☑ 186. I **remember** see**ing** her once on the street.

☑ 187. Left alone, I sometimes **feel like** cry**ing**.

☑ 188. You will soon **get used to** eat**ing** Japanese food.

☑ 189. **I'm not used to** be**ing** talked to in such a rude manner.

☑ 190. **Are** you **sure of** her com**ing** on time?

☑ 191. He **complained** about the room be**ing** too hot and humid.

☑ 192. He **denied** know**ing** anything of their plan.

☑ 193. I **prefer** work**ing** hard **to** just sitt**ing** idle.

Notes

185. not ＋〜ing の語順。肯定形は (☞ 97)。 **186. remember 〜 ing**「〜したことを覚えている」。[比較] I **remember her** cry**ing** then.「彼女がその時泣いていたのを覚えている」。**remember to (do)**「〜すべきことを忘れないでいる」。[比較] Please **remember to** mail the letter.「その手紙を投函することを忘れないで下さいね」。**187. feel like 〜 ing**「〜したい気がする」。**188. get used [accustomed] to 〜 ing**

10. 動名詞　65

185. タバコを吸わないで頂けますか。

186. 一度彼女に路上で会ったことを覚えている。

187. 一人になると、時々泣きたくなることがあります。

188. あなたはすぐに日本食に慣れますよ。

189. 私はそんな失礼な話しかけられ方に慣れていない。

190. 彼女が時間通りに来るのは確かですか。

191. 彼は部屋が蒸し暑すぎると文句を言った。

192. 彼は彼らの計画について何も知らないと否定した。

193. 私はただ何もしないで座っているより一生懸命働く方が好きだ。

「～することに慣れる」（動作）。**189.** be used [accustomed] to ～ ing「～することに慣れている」（状態）。**190.** be sure of ～ ing「～することを確信している」 be sure of one('s) ～ ing「～が…することを確信している」。**191.** about の後が S ＋ V 関係になっている。**192.** deny ～ ing「～することを否定する」。**193.** prefer A to B「B することより A することを好む」で A・B は～ ing 形（☞ 259）。

☑ 194. She is second to none when it comes to cooking Chinese food.

☑ 195. I am ashamed of not having been kind to her.

☑ 196. I regret not having worked hard as a youth.

☑ 197. Every child objects to being treated like a baby.

☑ 198. He makes a point of writing to his parents once every two months.

☑ 199. These trousers need pressing.

☑ 200. What do you say to taking a walk by the seaside?

☑ 201. She insisted on going abroad, but her father told her not to.

Notes

194. be second to none「右に出る者がいない」(熟語)。**when it comes to ～ ing**「～することになると」。**195.** be ashamed of「～を恥じている」。(比較) I am ashamed of being poor.「私は貧乏であることが恥ずかしい」。**196.** regret not having + p.p.「～しなかったことを後悔している」。**197.** object to ～ ing「～することに反対する」。**198.** make a point of ～ ing ＝ make it a rule [practice/custom] to

10. 動名詞　67

194. 彼女は中国料理をつく**ることになると**右に出る者はいない。

195. 私は彼女に**やさしくなかったことを恥じている**。

196. 私は若い頃**一生懸命仕事をしなかったことを悔やんで**いる。

197. あらゆる子供は赤ちゃん扱い**されることに反対する**。

198. 彼は2ヵ月に一度、**必ず**両親に手紙を書くことにしている。

199. このズボンはアイロンをかけ**る必要がある**。

200. 海岸を散歩**してみませんか**。

201. 彼女はどうしても外国へ行くと言ったが、父は行くなと言った。

(**do**)（☞ 33. Notes）。**199. need [want] 〜 ing**「〜される必要がある」。〔書換1〕These trousers **want** press**ing**. 〔書換2〕These trousers **need to be** press**ed**. **200. When do you say to 〜 ing?**「〜することはいかがですか」。〔書換〕**How about** tak**ing** a walk by the seaside? **201. insist on 〜 ing**「〜することを主張する」。〔書換〕She **insisted that** she (**should**) go abroad, but her father told her not to.

☑ 202. He spent *three years* (in) writing the novel.

☑ 203. He was on the point of leaving, when he heard someone knocking on the door.

☑ 204. Please refrain from smoking without permission.

☑ 205. I had a lot of difficulty (in) getting in touch with her.

☑ 206. Excuse me for not having answered your letter sooner.

☑ 207. Upon [On] finding the news true, she couldn't help but cry for joy.

Notes

202. spend ＋時間＋ **(in)** 〜 **ing**「〜することに（〜年 / ヵ月 / 時間、etc.）を費す」。**203. be on the point [verge] of** 〜 **ing**「まさに〜しようとしている」。 書換 He **was about to** leave, when he heard someone knocking on the door. **…,when**「するとその時」。**204. refrain from** 〜 **ing**「〜することを慎む」。**205. have difficulty [trouble/a hard time] (in)** 〜 **ing**「〜することに苦労する」。

202. 彼はその小説を書くのに3年かかった。

203. 彼はまさに出かけようとしていた。するとその時誰かがドアをノックしているのが聞こえた。

204. 許可なく喫煙することをご遠慮下さい。

205. 私は彼女と連絡をとるのに大変苦労した。

206. お返事が遅れたことをお許し下さい。

207. その知らせが本当だと知ったとたん、彼女は嬉しさの余り泣かないではいられなかった。

---

206. excuse ＋ 人 ＋ for having ＋ p.p.「人が〜したことを許す」。having ＋ p.p. は完了動名詞で，述語動詞 (V) よりも時間が古いことを示す。これは to have ＋ p.p. の完了不定詞の場合と同じルールである (☞ 45. Note)。[例] I'm proud of my brother('s) **having won** the contest.「兄が競技会に優勝したことを誇りに思う」。**207. upon [on]** 〜 **ing**「〜するや否や」，cannot (help) but (☞ 119. 178. Note)。

11 関係詞

関係代名詞

☐ 208. Heaven helps *those* **who** help themselves. (proverb)

☐ 209. *Children* **whose** parents are dead are referred to as "orphans."

☐ 210. *The earthquake* **which** caused the disaster occurred in 1995.

☐ 211. *Everything* **that** I saw was completely different from what I had expected to.

☐ 212. This is *the very dictionary* **that** I have been looking for.

☐ 213. This is exactly *the same camera* **that** I have lost.

Notes

208. **those who**「~する人々」で覚えよ。「~する人」なら **he [one] who**)。**those** = **the people**。**those present**「出席者」(☞ 489)。209. **be referred to as**「~と呼ばれる」。whose は関係代名詞 who 及び which の所有格で人以外の先行詞にも使う。〔例〕*The house* **whose** roof is red over there is mine.「あそこの屋根の赤い家が私の家です」。210. 先行詞が人以外の関係代名詞は which。

208. 天は自ら助く**るもの**を助く。(諺)

209. 親の亡くなった子供は「孤児」と呼ばれる。

210. その災害を起こした地震は 1995 年に発生した。

211. 私が見たものすべてが予想していたものと完全に違っていた。

212. これこそが**まさに**私が探していた辞書です。

213. これは**まさに**私が失くしたのと**同じ**カメラです。

211〜212. 限定的意味の強い先行詞 (everything, the very 〜, the first 〜, the last 〜, all 〜, any 〜, no 〜, nothing, etc.) には that が使われる傾向が強い。**211.** 文尾の to の後には see が略されている。**212.** the very 〜「まさにその〜」。**213.** the same 〜 that ...「…する/したまさに同一の〜」。同一人・物については that を用いる。同一種類・機種などについては that でなく as を用いるのが原則 (☞次頁 214)。

☑ 214. I have *the same trouble* as you have.

☑ 215. *Nobody* that has any common sense would think of doing such nonsense.

☑ 216. He is *the only person* that I know who is equal to the task.

☑ 217. A man's worth lies in what *he is*, not in what *he has*.

☑ 218. He spoke to whoever came into the room.

☑ 219. There is *no rule* but has some exceptions.

☑ 220. There were *few people* but laughed when the singer fell off the stage.

☑ 221. Try not to spend *more money* than is necessary.

Notes

214. the same 〜 as ...「…と同一種類・機種の〜」。前頁の213と比較して覚えよ。**215.** 限定的意味合いの強いnobodyやno oneにはthatが用いられる傾向が強い。**216.** 関係代名詞の二重制限。同一の先行詞を2つの関係代名詞節が修飾するタイプ。**217. B, not A**「AでなくB」構文。lie in「〜にある」。関係代名詞 **what** には先行詞がなく、自らがその節の目的語や補語となり「**こと/もの**」の意。

214. 私はあなたと同じ問題を抱えています。

215. 常識のある人なら誰もそんな馬鹿げたことをしようとは思わないだろう。

216. 彼は私の知っている人でその仕事をやりとげる力量のあるただひとりの人です。

217. 人の価値はその人の**人柄**にあるのであって、**財産**にあるのではない。

218. 彼は部屋に入ってきた**誰にでも**話しかけた。

219. 例外の**ない**規則は**ない**。

220. その歌手がステージから落ちた時に笑わなかった人は**ほとんどいなかった**。

221. 必要**以上の**お金を使わないようにしなさい。

---

what one is は意訳して「**人柄**」、**what one has** は「**財産**」。**218.** 複合関係代名詞 whoever (= anyone who) は「〜する誰であれその人」の意。**219.** この **but** (= that not) は二重否定構文のみに使う関係代名詞 (☞ 330・332〜336)。 **220.** 〔書換〕There were **few** people that [who] did **not** laugh 〜. **221. more 〜 than ...**「…する以上の〜」で than は関係代名詞。

☑ 222. He is not *the man* that *he was* when I first knew him.

☑ 223. He is not what *he used to be*.

☑ 224. I owe what *I am* today to my parents.

☑ 225. What is more important than anything else is (to) think for yourself.

☑ 226. Read *such books* as can benefit you.

☑ 227. Poor as [though] she was, she gave him what little *money* she had.

☑ 228. *The boy* who I thought was honest deceived me.

☑ 229. *The woman* whom I thought to be a nurse proved to be a doctor.

Notes

222 〜 223. the man that he was ＝ what he (once) was [what he used to be]「昔の彼」で覚えよう。**224.** owe A to B「A（恩恵）を B（人）に負うている」が原義。意訳して「A は B のおかげである」で覚えよう。（×）I owe my parents what I am today. は不可だから注意。(書換)(☞ 45)。 **225. What**「こと」。 **226. such A as B**「B するような A」。**227. what little 〜**「少ないがありったけの〜」。

222. 彼は私が最初に知り合った頃の**当時の彼**ではなくなっている。

223. 彼は昔はあんな人ではなかった。(彼は**昔の彼**ではない)

224. **私が今日ある**のは両親のおかげです。

225. 何より大事な**こと**は、自分の頭で考えることだ。

226. ためにな**るような**本を読みなさい。

227. 彼女は貧しかったけれど、持っていた**わずかな金をありったけ**彼に与えた。

228. 私が正直だと思っていた少年が、私をだました。

229. 私が看護婦だと思っていた女性は医者であることがわかった。

---

228. 連鎖関係詞節。まず I thought を (　　) に入れて考えるとよい。The boy who was honest で「正直だった少年」。それに I thought を加えると「正直だと私が思っていた少年」となる。**229.** I thought the woman to be a nurse.「私はその女性を看護婦だと思っていた」の the woman が先行詞として前に出たもの。よって the woman は thought の目的語ゆえ、目的格の whom となる。口語では who も可。

☑ 230. Books are to the mind what [as] food is to the body.

☑ 231. *Who that* understands music could say his playing is good?

☑ 232. I'll do whatever you want me to do.

☑ 233. Whoever wins the race will receive the prize.

☑ 234. He is what is called a bookworm.

☑ 235. *He pretended ignorance*, which made me still more angry.

☑ 236. He speaks both *English* and *German*, neither of which I understand.

☑ 237. *I may have to work* part time, in which case I'll call you.

Notes

230. A is to B what [as] C is to D.「A の B に対する関係は C の D に対する関係に等しい」。**231. Who that ～?** で「～する人で誰が～（しようか）」。（×）Who who ～は不可。**232.** 複合関係代名詞 **whatever**「何でも」は関係代名詞 what の意味を強めたもの。**233. whoever = anyone who**「誰でも」。**234. what is called ～ = what they [we/you] call ～**「いわゆる～」。**235～237.** 関係代名詞の非制

230. 本の心に対する関係は、食糧の体に対する関係に等しい。

231. 音楽のわかる**人で誰が**彼の演奏を良いと言えるだろうか。

232. あなたが私にしてほしい**ことを何でも**してあげます。

233. そのレースに勝つ**人は誰であれ**、その賞をもらえます。

234. 彼は**いわゆる**本の虫だ。

235. 彼は無知を装った**が、そのことが**私をさらに怒らせた。

236. 彼は英語とドイツ語の両方を話します。**しかし私はそのどちらも分かりません**。

237. 私はアルバイトをしなくてはいけないかも知れません。**その場合には**お電話します。

限[継続]用法。**235.** ..., **which** で「そして[しかし]そのことが」の意。先行詞は前の文全部。**236.** , **neither of which**「しかしそのうちどちらも~ない」。先行詞は both English and German。〔類例〕He has two sons, **one of whom** is a doctor.「彼には2人の息子がおり、**そのうち1人は医者だ**」。**237.** ..., **in which case** = ..., **and in that case**「そしてその場合には」。先行詞は前の文全部。

☑ 238. *He came late*, as is often the case with him.

関係副詞

☑ 239. The [A] day will surely come when your dreams will come true.

☑ 240. There are some cases where this rule does not hold good.

☑ 241. This is *the place* where the battle took place.

☑ 242. There are *some reasons* why the Japanese find it hard to act unlike others.

☑ 243. That's why I told you not to go by yourself.

☑ 244. That's how I got to know her.

Notes

238. as「〜のように／〜だが」は関係代名詞。**the case**「真相／実情」。**with**「〜に関して」。**as is often the case with**「〜にはよくあることだが」の慣用表現。cf. **as is usual with 〜**「〜にはいつものことだが」。先行詞は前の文全部。**239.** 先行詞 The day を受ける when。**The [A] day [time] will come when 〜 .**「〜する日［時］が来るだろう」。**240.** 先行詞 cases に対する where。when も可。**241.** 先行詞 the place

11. 関係詞　79

238. 彼にはよくあることだが、彼は遅れてやって来た。

239. あなたの夢が実現する**日**が必ず**来ます**。

240. この規則が当てはまらない**場合もある**。

241. ここが、その戦いのあった所です。

242. 日本人がなぜ他人と違う行動をとることを難しいと思うかということにはいくつかの理由がある。

243. **だから一人で行くなと言ったんですよ**。

244. **そのようにして私は彼女と知り合った**。

・・・・・・・・・・・・・・・・・・・・・・

に対する where。**242.** 先行詞 some reasons に対する why。**243.** 先行詞 the reason が略された形。**That is why ～**.「だから～である」。⎡比較⎦ He didn't join us. **That's because** he was too busy.「彼は我々に加わらなかった。**それは彼が忙しすぎたからだ**」。**That is because ～**.「それは～だからだ」。**244. That is how ～**. = **That is the way ～**.「そのようにして～する／した」。

☐ 245. I *was about to leave my house*, **when** the phone rang.

☐ 246. I walked as far as *the post office*, **where** I took a taxi.

前置詞＋関係代名詞

☐ 247. Consult the dictionary whenever you come across *a word* the meaning **of which** you don't know.

☐ 248. This is *the way* **in which** it happened.

☐ 249. Language is *the means* **by which** people communicate with others.

☐ 250. We often fail to realize *the extent* **to which** we depend on others.

☐ 251. I was amazed at *the fluency* **with which** the boy spoke French.

Notes

245. ..., **when**「するとその時に (= , and then)」という具合に when の前にカンマがあれば when は継続用法なので訳し下げる (☞ 203)。
246. 先行詞は the post office。..., **where** は「そしてそこで (= , and there)」。これもカンマがあるために継続用法で訳し下げる。**247. of which** = **whose**。a word the meaning **of which** you don't know = a word **whose** meaning you don't know. **247〜251.** は日本人

245. 私はまさに家を出ようとしていた。**するとその時**、電話が鳴った。

246. 私は郵便局のところまで行った。**そしてそこで**タクシーを拾った。

247. 意味のわからない単語に出くわすたびに辞書を引きなさい。

248. こんなふうにそれは起こったのです。

249. 言語は人々が他人と伝達し合うのに使う手段である。

250. 我々はしばしば、**どの程度まで他人に依存しているか**、気がつかないことがある。

251. 私はその少年の話したフランス語の流ちょうさに驚いた。

が苦手とする必出項目。**前置詞＋関係代名詞の初心者向けの習熟方法**を紹介しよう。乱暴ではあるが、in which, by which, to which, with which, etc. の部分を無視して読めば良いのである。例えば **249.** by which を無視し、その後の文を読み、即座に先行詞 the means に返って読むのだ。すると「言語は人々が他人と伝達し合う手段である」とスンナリ読める。要は大胆に読むことである。

☐ 252. You should get *the job* **for which** you are best fitted.

☐ 253. I gave him *a warning*, **to which** he paid no attention.

> 関係代名詞の省略

☐ 254. To be frank with you, I don't like **the way** you talk to me.

☐ 255. Life doesn't go **the way** we want it to.

☐ 256. **All you have to do is** **(to)** study hard to get into a good college.

Notes

252. for which の for を文尾に移動させれば、be fitted for「〜に適している」の熟語とわかる。best は「最も良く」の副詞。**253.** 関係代名詞の前にカンマがあるから、そこで切って訳し下げる継続用法。..., **to which** で「しかしそれに対して」(この用法では which を「それ」と読む。) pay attention to「〜に注意を払う」の to が前に出たもの。先行詞は a warning。 **254.** 本来は I don't like the way *in*

11. 関係詞   83

252. いちばん適している仕事につくべきです。

253. 私は彼に警告したが、彼は聞かなかった。

254. 率直に申し上げると、あなたの私に対する口の聞き方が気に入らないのです。

255. 人生は思う**ようには**いかないものだ。

256. 良い大学に入るためには、**あなたは一生懸命勉強するだけでよいのです。**

which you talk to me だが、口語では **the way** の後の **in which** は略すことがある。**255.** the way 以下が副詞として Life doesn't go を修飾している。the way ＋節「～が…するように（は）」。本来 in the way ＋節であったが、慣用で in が脱落したと考えると理解しやすい。**256.** All の後に関係代名詞 that が略されている。書換 **You have only to** study hard to get into a good college．(☞ 141)

12 比較

☐ 257. He is old**er than** she is by three years.

☐ 258. She is **superior to** us in every respect.

☐ 259. I **prefer to** read books **rather than** (**to**) watch television.

☐ 260. This is *by far* **the better of the two**.

☐ 261. Everyone has a right to enjoy his liberty, **still [much] more** his life.

☐ 262. The baby can't talk yet, **still [much] less** walk.

☐ 263. When summer is over, the days grow short**er and** short**er**.

☐ 264. **The more** we have, **the** great**er** our desire will be.

Notes

257. 書換1 He is three years old**er than** she (is). 書換2 He is three years **senior to** her. 参考までに be senior to 〜「〜より年上である」の反対は be junior to 〜。**258.** 反対に「〜より劣っている」は be inferior to 〜。**259. prefer to A rather than (to) B**「Bするより A する方を好む」。書換 I **prefer** read*ing* books **to** watch*ing* television. (☞ 193)。**260. by far** は比較級や最上級を修飾し「**断然**」。

12. 比　較　85

257. 彼は彼女**より**3つ**年上**です。

258. 彼女はあらゆる点で我々**より優れている**。

259. 私は**テレビを見るより読書をする方が好き**だ。

260. これは**2つのうち断然より良い**。

261. 誰もが自由を楽しむ権利がある。**まして**生活を楽しむ権利**はなおさらだ**。

262. その赤ちゃんはまだ話せない。**まして**歩くこと**などなおさらできない**。

263. 夏がすぎると日が**ますます**短くなって行きます。

264. 人間の欲望は、持てば持つほど**ますます**増大する。

・・・・・・・・・・・・・・・・・・・・・

the ｜ 比較級 ｜ of the two「2者のうちでより～な方」。**261. still [much] more** ～「まして～はなおさらだ」。**262.** 否定文＋**still [much] less** ～「まして～はなおさら…ない」＝ **let alone** ～。この let alone は通例否定表現に使う（☞108）。**263. more and more**「ますます」。**264.** 書換 As we have **more, the** great**er** our desire will be. As は「～につれて」の接続詞。

☑ 265. **The more** you read the book, **the less** you understand it.

☑ 266. China is *twenty* **times as** large **as** Japan.

☑ 267. Our city has *one third* **as** many people **as** Tokyo.

☑ 268. With all his genius, he is **as** obscure **as ever**.

☑ 269. He is **as** great a scientist **as ever lived**.

☑ 270. She is **as** beautiful **as any** girl that I've ever known.

☑ 271. That was **the most** moving film I **had ever seen**.

Notes

265. The more 〜, the less ....「〜すればするほど…しなくなる」の形式。この反対もある。〔例〕The less you would talk, the more I would appreciate it.「君がしゃべら**なければしゃべらないほど、**それだけありがたい」。**266.** 倍数の表現。**twenty time as 〜 as ...**「…の 20 倍 ほ ど 〜」。 書換1 China is **twenty times larger than** Japan. 書換2 China is **twenty times the size of** Japan. **267. one**

12. 比　較　*87*

265. その本は読めば読むほど**わからなくなる**。

266. 中国は**日本の 20 倍の大きさ**だ。

267. 我々の市は**東京の $\frac{1}{3}$ の人口**です。

268. 天才にもかかわらず、彼は**相変わらず**うだつがあがらない。

269. 彼は**古来まれな**大科学者である。

270. 彼女は僕の今まで知っている**どんな女の子にも劣らず**きれいだ。

271. それは私**が今までに見た最も感動的な**映画**だった**。

・・・・・・・・・・・・・・・・・・・・・・・・・・

third as ~ as ...「…の $\frac{1}{3}$ ~である」。 **268.** as ~ as ever「相変わらず~」 with all ~「~にもかかわらず (for all ~)」(☞ 397)。 **269.** as ~ as ever lived「古来まれな~」。直訳「かつて生きていた誰よりも~」(☞ 272)。 **270.** as ~ as any ...「いかなる…に劣らず~」で事実上の最上級表現。 **271.** the most ＋名詞＋ (that) one has ever ＋ p.p.「人がかつて　した最も…な (人・物)」。

☐272.　I believe Shakespeare is **the** great**est** dramatist **that** (**has**) **ever lived**.

☐273.　She is **not so** young **as** she looks.

☐274.　He is **less** healthy **than** he used to be.

☐275.　Success is due **less** to ability **than** to zeal.

☐276.　Sunlight is **no less** necessary to good health **than** fresh air.

☐277.　I had to pay **no less than** 1,000 dollars for this watch.

☐278.　You'll have to wait **not less than** an hour to get a ticket.

☐279.　A man's worth lies **not so much** in what he has **as** in what he is.

Notes

272. 最上級～＋名詞＋ **that** (**has**) **ever lived**「かつて存在した最も～な（人・物）」。(書換) I believe Shakespeare is **as** great a dramatist **as ever lived**. (☞ 269)。 **273. not so** [**as**] **A as B**「BほどAではない」。 **274. less A than B**「BほどAではない」。 **275. less A than B**「AというよりむしろB（＝ **not so much A as B**)」。due to ～「～による」。(書換) Success is due **not so much** to abilty **as** to zeal. **276. no**

272. シェークスピアは**今まで存在した最も**偉大**な**劇作家だと、私は信じています。

273. 彼女は外見**ほど**若く**はない**。

274. 彼は昔**よりは**健康**ではない**。

275. 成功は能力に**よるよりむしろ**熱心さによる。

276. 日光は新鮮な空気**に劣らず**健康にとって必要である。

277. 私はこの時計に 1000 ドル**も**払わなければならなかった。

278. 切符を買うには**少なくとも** 1 時間待たなくてはなりません。

279. 人の価値は財産にある**というよりはむしろ**人柄にある。

・・・・・・・・・・・・・・・・・・・・・・・・・・・・・・・・・・・

less A than B「B に劣らず［同様に］A」。cf. **not less A than B**「**B に勝るとも劣らず B**」比較 She is **not less** beautiful **than** her cousin.「彼女は従妹(いとこ)**に勝るとも劣らず**美しい」。no less A than B より not less A than B の方が勝る可能性がやや高い。**277. no less than** (= as much as)「〜も」。**278. not less than** = **at least**「少なくとも」。**279. not so much A as B**「**A というよりむしろ B**」(☞ 41)。

☑ 280. For me winter is **rather** something to be put up with **than** to be enjoyed.

☑ 281. To put it frankly, he is a critic **rather than** a writer.

☑ 282. Frankly speaking, he is **more of** a hypocrite **than** a patriot.

☑ 283. It looks like she made seven mistakes in **as many** lines.

☑ 284. He talked a lot but they liked him **all the better for** it.

☑ 285. I love him **none the less for** his faults.

☑ 286. I do **not** love him **the less for** his faults.

☑ 287. She was **none the better for** the treatment.

Notes

280. rather A than B「BというよりむしろA」rather than をひとまとめにくっつけても良い。（書換）For me winter is something to be put up with **rather than** to be enjoyed. **281. A rather than B**「BというよりむしろA」。**282. more of A than B**「BというよりむしろA（＝ rather A than B/A rather than B）」。**283. as many ～**「同数の～」。as many lines の後に as seven mistakes が略されている。従っ

280. 私にとっては冬は楽しむ**というよりはむしろ**耐える季節だ。

281. 率直に言うと、彼は作家**というよりはむしろ**批評家だ。

282. 率直に言えば、彼は愛国者**というよりはむしろ**偽善者だ。

283. 彼女は7行に7個の誤りをしたようだ。

284. 彼は大変おしゃべりだったが、彼らは**それだけにいっそう**彼を気に入っていた。

285. 彼には欠点がある**が、それでも**彼が好きだ。

286. あの人には欠点がある**が、やはり**私は好きだ。

287. 彼女はその治療に**もかかわらず少しも良くならなかった。**

・・・・・・・・・・・・・・・・・・・・・・・・・・・・・・・・・・

て as many lines は「同数の行」→「7行」となる。**284. all the more [better] for** 〜「〜だけにいっそう」。it は He talked a lot のこと。**285〜286.** は「〜はあるがそれでも」の表現。for 以下は because 節のこともある。書換1 I love him **none the less because** he has faults. 書換2 I do **not** love him **the less because** he has faults. **287. none the better for**「〜にもかかわらず 良くない」。

☐ 288. I can **no more** play the violin **than** a baby can.

☐ 289. He is **not** tall **any more than** I am.

☐ 290. Lending money to such a fellow is **as good as** throwing it away.

☐ 291. It is **no more than** ten minutes' walk from here.

☐ 292. He stayed there **not more than** four days.

☐ 293. Too much exercise **does more harm than good**.

☐ 294. The escape was **nothing less than** a miracle.

☐ 295. *There is* **none other than** you to whom I can leave this.

Notes

288〜289. いわゆる「鯨の構文」。 参考１ A whale is **no more** a fish **than** a horse is. 参考２ A whale is **not** a fish **any more than** a horse is.「馬が魚でないと同様鯨は魚ではない」。**no more A than B = not A any more than B**「Bが〜ない同様、Aは〜ない」。この構文は「構文の王者」と称して良いくらい問われることが多い。**290. as good as 〜**「〜同然である」。**291. no more than**「〜以上では全然な

288. 僕は赤ん坊同様、バイオリンを弾けない。

289. 私と同様、彼も背が高くない。

290. あんな奴に金を貸すなんて、金を捨てるも同然だ。

291. ここから歩いてたった10分の距離です。

292. 彼はせいぜい4日間そこにいただけであった。

293. 過度の運動は体のためというよりは、むしろ害になる。

294. その脱出は全く奇跡に他ならなかった。

295. これをお任せできるのは、あなたしかありません。

い」→「たったの (= only)」。**292. not more than**「〜より多くはない」→「せいぜい (= **at most**)」。**293.** do harm「体に悪い」と do good「体に良い」の2つの熟語を合成した表現。**294. nothing less than**「〜に他ならない」。**295. none other than = no other person than**「〜以外の誰も…ない」。書換 You are **the only one** to whom I can leave this. leave A to B「AをBに任せる」。

296. The fastest runner in the world cannot run if he is hungry.

297. No sooner had I hung up the phone than there came another call.

298. Never have I seen such a cute puppy as this.

299. Nothing is so pleasant as traveling.

300. Nothing is more precious than time, but nothing is less valued.

301. He is more handsome than any other student in his class.

Notes

最上級名詞には「最も〜な…でさえ」という意味が含まれることがある。**296** もその例。**Even** the fastest runner 〜 . と Even をつける場合もある。[類例] **The** wis**est** man sometimes makes mistakes.「最も賢い人でさえ、時には失敗をするものだ」。**297. no sooner A than B**「A するかしないかのうちに B する」の構文。No sooner が文頭に出たために倒置文になっている (☞ 417・512)。 **298. Never 〜 such**

296. 世界最速の走者でさえ、空腹だったら走れない。

297. 私が電話を切るか切らないうちに別の電話が入った。

298. 私は今までにこれほどかわいい小犬を見たことはなかった。

299. 旅行ほど楽しいものはない。

300. 時間ほど貴重なものはない。しかしこれほど大切にされていないものもない。

301. 彼はクラスの他のどの生徒よりハンサムだ。

～ as ... 構文。文尾から訳し上げて「…ほど～な～はない」。
[書換] **Never** have I seen **so** cute a puppy **as** this. **299 - 300. Nothing ～ so ～ as.** = **Nothing ～ more ～ than ...**「…ほど～な～はない」。
301. more ～ than any other ＋単数名詞「他のいかなる…より～」。
[書換1] **No other** student in his class is **as** [**so**] handsome **as** he (is).
[書換2] He is **the most** handsome student **of all** in his class.

☐ 302. **No other** mountain in Japan **is** high**er than** Mt. Fuji.

☐ 303. **Few** people can work the machine **so** well **as** he.

☐ 304. He was **more than** pleased with the result.

Notes

302. No other ＋単数名詞＋ **is** ＋比較級 **than** 〜 .「〜ほど〜な〜は他には（い）ない」(☞ 303 Note)。書換 **No other** mountain in Japan is **so** [**as**] high **as** Mt. Fuji. other の後が単数名詞であることに注意。other の後を機械的に複数名詞にしがちなので注意すべき項目である。「全くいない」なら、比較 **No one** can work the machine **so** [**as**] well **as** he (can).「彼ほどその機械を上手に操作できる

302. 富士山**より**高い山**は**日本には**他にはない**。

303. 彼**ほど**その機械を**上手に**操作できる者**は、あまりいない**。

304. 彼はその結果を**非常に**喜んだ。

人はいない」となる。**303.** Few ～ so ～ as ...「…ほど～な～はほとんどいない」の弱否定形。**304.** 直訳「彼はその結果を喜んだ以上であった」。→「喜んだどころではない」→「非常に喜んだ」。**more than**＋補語「非常に～(である)」で覚える。他に比較表現を使わない最上級表現もある。
〔例〕 Nothing is like traveling. = There is nothing like traveling.
(☞ 541)「旅行ほど楽しいものはない」。

13 否 定

全体否定

☐ 305. He can**not so much as** write his own name.

☐ 306. He left **without so much as** say**ing** good-by.

☐ 307. Playing sports from time to time is **by no means** a waste of time.

☐ 308. The play was **not a bit** interesting.

☐ 309. I **haven't the least [slightest] idea of** what he has in mind.

☐ 310. **None** of our work *has* been done.

☐ 311. **Neither** you **nor** I *am* wrong.

Notes

305. not so much as ＋ V（原形）「～すらしない」。not so much A as B「AというよりむしろB」と混同しないこと（☞ 279）。 **306.** without so much as ～ ing「～すらしないで」。**307.** by no means「決して～ない」。(＝ not at all)。**308.** not a bit「少しも～ない」。not a little「少なからず / 大いに」と区別すること。(比較) I was **not a little** surprised.「私は大いに驚いた」。**309. have not the least [slightest/**

305. 彼は自分の名前を書くことすらできない。

306. 彼はさようなら**も言わないで**立ち去った。

307. 時々スポーツをすることは**決して**時間の浪費**ではない**。

308. その芝居は**全然**面白**くありません**でした。

309. 彼が何を考えているのか、**まるでわからない**。

310. 私達の仕事は**何もできていません**。

311. 君**も**私**も**間違ってはい**ない**。

remotest/vaguest/faintest] idea of「～について全くわからない」。of は省略可（疑問詞の直前の前置詞は略して良い）。**310.** 単数扱いの none で no part of の意。work は不可算名詞だから None は単数扱い。複数扱いの none については（☞ 501）。**311. neither A nor B**「**A でも B でもない**」。動詞は B の数に合わせる。類例 **Either** he or they *are* correct.「彼か彼ら**のどちらか**が正しい」。

☐312. I **cannot** thank you **too** much for your hospitality.

☐313. "Kathy doesn't want to go." "**Neither** does John."

☐314. **Little did I dream** that he would be elected chairman.

☐315. He **could do nothing but** *give* up his plan against his will.

☐316. He is **not** an idle boy **any longer**.

☐317. I am not rich, **nor** do I wish to be.

☐318. After all his efforts, he **failed to** succeed.

Notes

312. cannot ~ too ...「どんなに~してもしすぎることはない」。 応用1 I **cannot** thank you **enough**.「あなたにどんなに感謝してもし足りません」。 応用2 It is **impossible** to **over**estimate the value of time.「時間の貴重さはどんなに高く評価してもしきれない」。 **313.** neither「~もまた…ない」は倒置で使う。**314.** この表現のLittleは「全く~ない」の全体否定。LittleはNeverでもよい。 書換 **Never**

312. あなたのもてなしに**どんなに**お礼を述べて**も十分ではありません**。

313. 「キャシーは行きたくないんです」「ジョン**もそうだよ**」

314. 彼が議長に選ばれるなんて**私は夢にも思っていなかった**。

315. 彼は心ならずも計画をあきらめ**るほか仕方がなかった**。

316. 彼は**もう**怠けもの**ではない**。

317. 私はお金持ちではないし、**また**お金持ちになりたいとも思ってい**ない**。

318. 大変な努力にもかかわらず、彼は成功**しなかった**。

・・・・・・・・・・・・・・・・・・・・・・・・・・・・・・・

did I dream that he would be elected chairman. **315.** against one's will「意に反して」。**316. not ~ any longer = no longer ~** 「もはや~ない」。(書換)He is **no longer** an idle boy. **317.** nor は接続詞で、「そしてまた~ない」。倒置で使う。(書換)I am not rich, and I don't wish to be rich, **either**. **318. fail to (do)**「~しない／できない」。**after all ~ (= with all/for all)**「~にもかかわらず」(熟語)。

弱否定

319. **Few of** the foreign guests were present at the conference.

320. I would**n't go so far as to** say that honesty does not pay.

321. We had **little** time left before our departure.

322. There is **little, if any**, chance of his being elected Prime Minister.

323. **Very few, if any**, Japanese grasp the significance of what has happened.

324. He **seldom, if ever**, makes an excuse for his mistakes.

Notes

319. Few of ~「~のうちほとんど…ない」。[比較] **None of** the foreign guests were present at the conference.「外人客のうちでその会議に出席した人は一人もいなかった」。**320. not go so far as to** (do)「~まではしない」。**321. little**「ほとんど~ない」。**322 ～ 324. if any** 及び **if ever** は挿入句で強調のために使う。**322.** は **little, if any** ＋不可算名詞で **323.** は (very) **few, if any** ＋複数名詞で用い、両方とも

319. 外人客のうちでその会議に出席した人は**ほとんどいなかった**。

320. 正直は割に合わない、**とまでは私は言いません**。

321. 我々は出発まで**ほとんど**時間が残ってい**なかった**。

322. 彼が首相に選ばれる見込みは、**たとえあるにしても、ほとんどない**。

323. 日本人の中で起こったことの重大性のわかっている人は**非常に少ない**。

324. 彼は、**たとえするにしても、めったに**失敗の言い訳を**しない**。

「〜はたとえあるにしてもほとんど〜ない」。**322. There is little chance of A('s) 〜 ing**「Aが〜する見込みはほとんどない」も覚えよ。〔類例〕There is quite a chance of *my* pass**ing** the exam.「私が試験に合格する見込みはかなりある」。**324. seldom [rarely], if ever, ＋動詞**で用い、「たとえやるにしてもめったに〜しない」。要するに、**if any は名詞を、if ever は動詞を修飾する**。

部分否定

☐ 325.　I don't know both of his parents.

☐ 326.　A book is not always a good book just because it's written by a famous writer.

☐ 327.　All is not gold that glitters. (proverb)

☐ 328.　Not all of us are satisfied with his work.

二重否定

☐ 329.　Never fail to come here by five.

☐ 330.　He is not such a fool but he can understand it.

☐ 331.　No one but a fool would do a thing like that.

Notes

325. **not** + **both**「両方という訳ではない」。**326.** **not always** = **not necessarily**「必ずしも〜ない」。このように、否定表現とともに用いられる because は「〜だからといって（…ない）」になることがある（☞ 14）。**327 〜 328.** **all** と **not** が共に用いられると、「全部という訳ではない」という部分否定になる。**327.** that は関係代名詞で先行詞は all。書換 **All** that glitters is **not** gold. 脚光を浴びているか

325. 私は彼の両親を**二人とも**知っている**訳ではない**。

326. 本というものは有名な作家によって書かれたからと言って**必ずしも**良書である**とは限らない**。

327. 光るもの**必ずしも**金(きん)**ならず**。(諺)

328. 我々**全員**が彼の仕事に満足している**訳ではない**。

329. 5時までには**必ず来て**下さい。

330. 彼はそれがわから**ないほどの**馬鹿**ではない**。

331. 馬鹿**でなければ**そんなことをする者は**いない**だろう。

らといって、一流とは限らない、の意。二重否定は、否定の否定で結局肯定の意味になる。強意のために用いる。**329.** fail to「〜しない/できない」を never が打ち消し、**never fail to** (do)で「〜しないことは決して…ない」→「**必ず〜する**」の意になる。**330.** 二重否定のみに用いる but の用例。but は that not の意味の接続詞。**331. No one but** 〜「〜以外の誰も…ない」。but は「〜以外」。

- 332. **Not a day passes but** I repent of what I have done.

- 333. **No** man is **so** old **but** he can learn.

- 334. There's **no** one **but** wants to have good friends.

- 335. There is **nothing so** difficult that it does **not** become easy with practice.

- 336. It **never** rains **but** it pours. (proverb)

- 337. I **never** look at this picture **without** being reminded of those happy days.

- 338. **There is nothing for it but to** wait until he gets here.

- 339. He **had no choice but to** do as he was told.

Notes

332. 〔書換〕**Not a day passes without** my repent**ing** of what I have done. **333.** but は that 〜 not の意味を持つ二重否定構文専用に使う否定の接続詞。直訳「学べ**ない**ほど年を取った人間など**いない**」。he = No man で so は「〜なほど」の意。〔書換〕**No** man is **so** old **that** he can**not** learn. **334.** but = that not の関係代名詞。〔書換〕There is **no one who** does **not** want to have good friends. **335.** 直訳「練習で

332. 自分のしたことを後悔しない日は一日たりともありません。

333. **どんなに**年をとって**いても**学問は**できる**。

334. 良い友達を得たいと思わ**ない**者は**いません**。

335. **どんなに**難しいこと**でも**、練習をすれば容易**になる**。

336. 降ればどしゃぶり。（諺）

337. 私はこの写真を見る**と**、**必ず**あの楽しかった時代を思い出**す**。

338. 彼がここに来るまで待**つより仕方がない**。

339. 彼は言われたように**せざるを得なかった**。

易しくなら**ない**ほど難しいもの**など存在しない**」。**336.** 2つの it は天候を示す it。直訳「どしゃ降りに降らないでは決して降らない」。良い事も悪い事も続けて生じる、の意。**337. never [cannot] A without B**「A すれば必ず B する」。**338～339.**「～せざるを得ない」の表現。**338.** it は to 以下を示す。but は「～以外」の意 (☞ 63・65)。**339.** 〔書換〕He had no alternative but to do as he was told

否定語を使った慣用表現

- 340. I really enjoyed the steak you served, not to mention the other dishes.

- 341. People were badly hurt, to say nothing of the damage to the building.

- 342. Under no circumstances must you let the secret slip.

- 343. She is very frugal, not to say stingy.

否定語を使わない否定表現

- 344. I tried to dissuade him from changing jobs, but in vain.

- 345. She knows better than to spend all her money on clothes.

Notes

340〜341. not to mention/to say nothing of [= **let alone**]「〜は言うまでもなく / はもちろん」。**342. under no circumstances**「どのようなことがあっても〜ない」否定の副詞句が文頭に出ると、倒置文になる。let the secret slip「秘密を（うっかり）もらす」。**343. not to say** [= **if not**]「〜とは言わないまでも」。 **344. in vain**「無駄に」。[= **to no avail/without avail**] 書換 I tried **in vain** to dissuade him

340. ステーキをおいしくいただきました。他の料理**はもちろん**ですが。

341. 建物の被害**は言うまでもなく**、人間も大きな被害を受けた。

342. **どんなことがあっても**君はその秘密をもらしてはならない。

343. 彼女はケチ**とは言わないまでも**、非常につつましい。

344. 私は彼に転職を思いとどまらせようとしたが**無駄だった**。

345. 彼女はお金をすべて服に費や**すほど馬鹿ではない**。

・・・・・・・・・・・・・・・・・・・・・・・・・・・・・

from changing jobs. dissuade [diswéid] A from ～ing「人に～することを思いとどまらせる」。**345. know better than to (do)**「～するほど愚かではない」。**should have known better than to (do)**「～するなんて馬鹿なことをすべきではなかった」。(比較) I **ought to have known better than to** quarrel with a policeman.「警官と口論をするなんて馬鹿なことをすべきではなかった」(☞ 101)。

☑346. You are **the last** person I expected to see here.

☑347. She **is above** tell**ing** a lie.

☑348. He is **far from** being contented with his success.

☑349. The hill is completely **free from** trees.

☑350. He will **do anything but** *lend* you money.

☑351. He is **anything but** a poet.

☑352. His rudeness was **more than I could stand**.

Notes

346. the last ～「決して～ない（人・物）」。最後の人などと訳さないこと。**347. be above** ～ ing「（高潔で／誇り高くて）～することができない」。**348. far from**「～からはど遠い」が転じて「決して～ない」の否定表現となった。**349. free from [of]** ～「～を免れている／～のない」。cf. sugar-**free** food「砂糖の入っていない食べ物」。**350. do anything but** ＋原形不定詞「～すること以外なら何でもす

346. あなたとここで会うとは**全く**思い**ません**でした。

347. 彼女は**うそなど**つく人で**はない**。

348. 彼は自分の成功に**決して**満足してい**ない**。

349. その丘には木**が全くない**。

350. 彼**は**君に金を貸す**ことだけはしない**でしょう。

351. 彼は詩人**なんていうもの**では**決してない**。

352. 私は彼の無礼さには**我慢できなかった**。

る」が転じて「～することだけはしない」。**351.** anything but「決して～ない」。直訳すると「彼は詩人以外の何かだ」すなわち、少なくとも詩人でないことは確かだ、という意味から来た表現。cf. **nothing but**「～に過ぎない」。比較 Life is **nothing but** a dream.「人生は夢に過ぎない」(☞353)。**352.** 直訳「彼の無礼さは私に耐えられる以上のものであった」から「**我慢できなかった**」となる。

肯定の意味になる否定表現

☐ 353. He thinks of **nothing but** making money.

☐ 354. We can**not** appreciate the worth of health **until** we are ill.

☐ 355. You'd better go on a diet. You're **not a little** overweight.

☐ 356. **Not a few** Japanese speak fluent English even though they have never been overseas.

Notes

353. nothing but「〜にすぎない / 〜だけ (= **only**)」(☞ 351・Notes)。 書換 **All he thinks of is** making money.　**354.** 直訳して「我々は病気になる**までは**健康の価値のありがたさがわから**ない**」でも良い。 書換1 **Not until** we are ill can we appreciate the worth of health. (☞ 462)。 書換2 **It is not until** we are ill **that** we can appreciate the worth of health. (☞ 37)。 **355. not a little**「少なから

13. 否　定　113

353. 彼は金儲けのこと**しか**考え**ない**。

354. 人は病気**になって、はじめて**健康のありがたさがわかるものです。

355. 君はダイエットした方がいいよ。**だいぶ**太り気味だよ。

356. **かなり多くの**日本人が、海外へ行ったこともないのに英語を流ちょうに話す。

ず／大いに」。比較 She is **not a bit** overweight.「彼女は**少しも**太っていない」。 **not a little** と **not a bit** はまざらわしいので注意。go on a diet「ダイエットする」。**356. not a few**「かなり多くの〜」。比較 He has given me **not a little** trouble.「彼は私に**少なからず**面倒をかけた」。すなわち、**not a few** ＋複数名詞、**not a little** ＋不可算名詞で使い分ける。**even though**「〜にもかかわらず」。

14 条件・仮定

条件

☐ 357.　One more effort, and you'll be able to get over the difficulty.

☐ 358.　Take an umbrella with you in case it rains.

☐ 359.　He will come provided that he is well enough.

☐ 360.　He resigned on the ground(s) that he was ill.

仮定

☐ 361.　They suggested to her that she *go* alone.

☐ 362.　It is *about* time you got down to business.

Notes

357. 〔類例〕One step back, **and** he would have fallen off the cliff.「もう一歩下がっていたら、彼は崖から転落していただろう」。 **358. in case** は「〜の場合に備えて / 〜するといけないから」の接続詞。後に直説法現在かまたは仮定法未来。〔書換〕Take an umbrella with you **in case** it **should** rain.　更に in case of の句も使える。〔書換〕Take an umbrella with you **in case of** rain.　**359. provided** (**that**) =

357. もうひと努力すれば、難局も切り抜けられますよ。

358. 雨にそなえてカサをもって行きなさい。

359. 彼はもし具合が良ければ来るでしょう。

360. 彼は病気を理由に辞職した。

361. 彼らは彼女が一人で行くことを彼女に提案した。

362. 君はそろそろ仕事に取りかかる時だ。

only if「もし・なら」。360. on the ground(s) that「～の理由で」。361. 要求・提案・命令・主張・判断を示す that 節の中では未来の事柄でも動詞は should ＋動詞の原形又は動詞の原形のみを用いる。この種の動詞では demand, propose, order, insist などがある。362. It is (about) time「（そろそろ）～しても良い頃だ」の後には仮定法過去形の節が来る。[書換] It is about time for you to get down to ～ .

☐ 363.　I wish I had a room of my own.

☐ 364.　I wish he had followed my advice then.

☐ 365.　If only I could speak English as fluently as you!

☐ 366.　If I were you, I wouldn't do a thing like that.

☐ 367.　If it were not for the sun, we could not live.

☐ 368.　If it had not been for the accident, he would have become a great athlete.

☐ 369.　Had I left the hotel a little earlier, I could have caught the train.

Notes

363. **I wish** ＋仮定法過去「(今) 〜であればなあと思う」。364. **I wish** ＋仮定法過去完了「(過去のある時点に) 〜していたらなあと思う」。365. **If only 〜 !** は I wish 〜 . の強意形で、**How I wish 〜 !** もある。〔例〕**How I wish** she had informed me of that earlier!「彼女がもっと早く私にそのことを知らせてくれていたらなあ」。366. 〔書換〕**Were I you**, I wouldn't do a thing like that. (倒置にす

363. 私専用の部屋があれ**ばいいんですが**。

364. あのとき彼が私の忠告に従っ**ていたらなあ**。

365. 君と同じくらい流暢に英語が話**せたらなあ**。

366. **もし**私が君**なら**、そんなことはしない**だろう**。

367. **もし**太陽**がなければ**、我々は生き**られないだろう**。

368. **もし**あの事故**がなかったら**、彼はすばらしい運動選手に**なっただろうに**。

369. もう少し早くホテルを出**ていたら**、私はその電車には間に合っ**ていただろうに**。

ると If が消える)。**367. If it were not for**「もし〜がなければ(= **But for/Without**)」。〔書換〕**Were it not for** the sun, we could not live. **368. If it had not been for**「もし〜が(過去のある時点に)なかったら = (**But for/Without**)」。〔書換〕**Had it not been for** the accident, he would have become a great athlete. **369.** 〔書換〕**If** I **had left** the hotel a little earlier, I could have caught the last train.

☐370. **If** I **had taken** care of myself in my youth, I **would be** in good health now.

☐371. He acts **as if** he **were** a millionaire.

☐372. She acted **as if** nothing **had** happen**ed**.

☐373. **With** a little more patience, you **could have** solv**ed** the problem.

☐374. **Without** this medicine, I **might have been** dead.

☐375. **But for** water, nothing **could** live.

☐376. **Suppose** [**Supposing**] you **came** by a great fortune, what **would** you do with it?

☐377. **Should** he **come** back again, I'll call the police.

Notes

370. 時制の混合に注意。**371. as if** [**as though**] ＋仮定法過去「あたかも〜する［である］かのように」。**372. as if** [**as though**] ＋仮定法過去完了「あたかも〜した［であった］かのように」。**373. With** 〜「もし〜があったならば」。書換1 **If you had had** a little more patience, you **could have** solv**ed** the problem. **374.** 書換 **If it had not been for** [**Had it not been for/But for/Without**] this

14. 条件・仮定　119

370. もし若い頃体に気を**つけていたら**、私は今頃健康だろ**うに**。

371. 彼は**まるで**大金持ち**のように**ふるまう。

372. 彼女は**まるで**何もなかった**かのように**ふるまった。

373. 君はもう少しの辛抱でその問題を解くことができただ**ろうに**。

374. この薬が**なかったら**、私は死んだ**かも知れない**。

375. もし水が**なければ**、何も生きられないだろう。

376. **仮に**君が大財産を手に入れ**たとしたら**、それをどうしますか。

377. もし**万一**彼が再び来たら、警察を呼びます。

medicine, I **might have been** dead.　375. 書換 **If it were not for** [**Were it not for/Without**] water, nothing **could** live. 376. 書換 **Supposing** [**If**] you **came** by a great fortune, 〜 . come by「〜を手に入れる」。377. 仮定法未来。実現性の低い仮定に用いる。書換 **If** he **should** come back again, I'll call the police. 尚、仮定法未来では、主節は直説法, 仮定法ともに使用可。I'll call も I would call も可。

☐378. **If** the sun **were to** rise in the west, I **wouldn't** change my mind.

☐379. **What if** we **should** encounter a bear?

☐380. It was so quiet that you **could have heard** a pin drop.

☐381. **To** hear him speak English, you **would** take him for a native speaker.

☐382. A Japanese **would have** react**ed** in a different way.

☐383. **But that** I saw it then, I **could not have** believ**ed** it.

☐384. **I'd rather** you **wouldn't** smoke in this room.

☐385. He is, **as it were** [**so to speak**], a human computer.

Notes

378. If + A + were to (do) ～ , … 「もし仮に A が～したら / したとしても」。仮定法未来。実現性の乏しい未来の仮定に用いる。**379. What if A should** ～ ?「もし万一 A が～したらどうしよう」。What should I [we] do if A should ～ ? が簡略化された慣用表現。**380 ～ 385.** は **if のない仮定法**。**380. if a pin had** dropped「もしピンが落ちたとしても」という気持ちが含まれている。heard a pin drop は「ピンが落

378. **もし仮に**太陽が西から昇**るようなことがあったとして****も**、私の気持ちは変わり**ません**。

379. **もし万一**熊に遭遇したらどうしよう。

380. 非常に静かだったので、ピンが落ち**ても**聞こえるくらいだった。

381. 彼が英語を話すのを聞け**ば**、君は彼をネイティブ・スピーカーとまちがえる**だろう**。

382. 日本人だったら違った反応を**しただろう**。

383. あのときそれを見**なかったなら**、私はそれを信じることはできなかったであろう。

384. この部屋でタバコを吸わないで頂きたいのですが。

385. 彼は**言わば**人間コンピューターである。

ちるのを聞く」で、drop は原形不定詞。**381.** **To** hear him speak English = **If** I heard him speak English。**383. but that** | 直説法の文で「もし～しなければ」。take A for B「A を B と間違える」書換 **If** I **had not seen** it then, I could not have believed it. **384.** I **would rather** は I wish の控え目な表現で「もしできれば～であってほしいのですが」(☞ 84・86)。**385. as it were** = **so to speak**「言わば」。

15　譲　歩

386. **Try as you may**, you cannot possibly master English in a month or two.

387. *Foolish* **as he may be**, John is kind at heart.

388. **Be** *a man* **ever so** *rich*, he must not be idle.

389. **Come what may**, I shall never change my mind.

390. **Let** *him be* **a great President**, I don't admire him.

391. They say he has been arrested. **Be it true or not**, I'll still be his friend.

392. **Cost what it may**, I am determined to achieve my goal.

Notes

386. 全体が過去時制の時には、Try as one **might** となる。〔例〕Try as I **might**, I couldn't jump over the fence. 「どんなに頑張っても、垣根を乗り越えられなかった」。**387.** 形容詞・名詞 + **as** [**though**] + **S** + **may** + **be** で「～ではあるが」の型。〔類例〕*Child* [**though**] **he is**, he is considerate. 「子供だけど、彼は思いやりがある」。**388.** 〔類例〕**Be that as** [**what**] **it may**, always speak the truth. 「いずれにしても、

386. **たとえどんなにやってみても**、1カ月や2カ月で英語をマスターすることはとてもできない。

387. 愚か**かも知れないが**、ジョンは心が優しい。

388. 人は**たとえどんなに金持ちであろうとも**、怠惰であってはならない。

389. **何が起ころうと**、私は決して考えを変えません。

390. **たとえ彼がどんなに偉大な大統領であっても**、私は彼を賞讃しない。

391. 彼が逮捕されたと人は言っている。**それが真実であろうとなかろうと**、僕はそれでも彼の友達だ。

392. **金がいくらかかっても**、私は目標を達成する決意である。

常に真実を言いなさい」。**389.** 書換 **No matter what [whatever] may happen**, I shall never change my mind.　**390.** 書換 **No matter what a great President [Whatever great President] he may be**, I don't admire him.　**391.** 書換 **Whether it is true or not**, ～．　**392.** 書換 **No matter what [Whatever] may cost**, ～．その他には、**go where you will**「たとえどこへ行こうとも」などがある。

☑ 393. **No matter what may happen**, you must not lose heart.

☑ 394. **However** *hard* you **may** try, you won't succeed so easily.

☑ 395. You should not believe such a story, **whomever** you heard it from.

☑ 396. **In spite of** his hard work, he was deeply in debt.

☑ 397. **For [with] all** his wealth, he is not contented.

☑ 398. I burst out laughing **in spite of myself**.

☑ 399. **It is true that** they talk too much, **but** they say too little.

☑ 400. They say this is one of the best books, **if not** the best one.

Notes

393～394. No matter ＋ 疑問詞節 [複合疑問詞 (**-ever**)] ＋ (**S**) ＋ (**may**) ＋ **V** で「たとえどんなに～でも」の典型的な譲歩構文。may は口語で略すことが多い。**395.** 口語では whoever も可。**396～397. in spite of ～ ＝ despite ～ ＝ for all ～ ＝ with all ～**「～にもかかわらず」。**396.** 書換 **Despite** his hard work, he was deeply in debt. **397.** (☞268)。**398. in spite of oneself**「思わず／自分の意志にもかかわら

393. たとえ何が起ころうと、くじけてはいけないよ。

394. **いくら**一生懸命にやっ**ても**、そう簡単に成功するものではない。

395. **誰から聞いたにしても**、そんな話は信じてはなりません。

396. 一生懸命働いた**にもかかわらず**、彼は大借金をしていた。

397. 富にもかかわらず、彼は満足していない。

398. 私は**思わず**吹き出してしまった。

399. **なるほど**彼らはよくしゃべる**が**、大したことは何も言ってない。

400. これは最良の本**ではないにしても**、そうした本の一冊だと人々は言っている。

ず」。burst out laughing = burst into laughter「吹き出す / 急に笑い出す」。**399. It is true (that)** ～ , but …「なるほど～だが…(= **Indeed**, , but …)」。書換 Indeed, they talk too much, but they say too little. **400. if not**「～ではないにしても」。書換 They say this is one of the best books, **if** it is **not** the best one. **They say (that)** ～「～と人々は言っている」(= It is said that ～ ☞12)。

☑ 401.　I will carry out the plan **even if** it costs me my life.

☑ 402.　**While** I admit his merits, I cannot overlook his demerits.

☑ 403.　**Whether** he comes **or not**, the result will be the same.

☑ 404.　How can you be so sure **when** you know nothing about it?

Notes

401. even if = even though「たとえ〜でも」。carry out「〜をやり遂げる」（熟語）。**cost** ＋人＋物「人にとって物を失わせる」。[類例] It **cost** *me a fortune* to study abroad.「私は海外留学をするのに大金を要しました」。これは「〜にとって…の金がかかる」(☞ 13)。
402. while は本来「〜の一方で」の意だが、although や though「〜だが」という譲歩の接続詞としても用いる。**403. Whether** ＋ **A** ＋ **V** ＋

401. **たとえ**命を失うこと**があっても**、その計画をやり遂げるつもりだ。

402. 彼の長所は認める**が**、彼の欠点を見のがすことはできない。

403. 彼が来**ても**来**なくても**、結果は同じことだろう。

404. それについて全く知らない**くせに**、どうしてそんなに確信が持てるのですか。

or not「Aが~しようとしまいと」。このWhether ~ or notは次のような名詞用法もあるので区別すること。〔比較〕**Whether** he will come **or not** will depend on the weather.「彼が来る**か否か**は天気次第です」。
404. whenは本来「(~が…する) 時に」の意で用いるが、even though ~「~なのに」の意でも用いる。〔書換〕How can you be so sure **even though** you know nothing about it?

16 接続詞

405. No country could compete with Japan as far as cars are concerned.

406. So [As] far as *I know*, this is the only way we can solve the problem.

407. Any book will do so long as *it is interesting*.

408. "Do you mind if I open the window?" "Well, I'd rather you wouldn't."

409. I would appreciate it if you'd assist me with my work.

410. Every [Each] time you read a good book, you will be the better for it.

411. I am sorry that I missed seeing the movie.

Notes

405. as far as ～ is concerned「～に関する限りでは」。**406. so far as ～**「～が…する限りでは」。**so far as I know = to the best of my knowledge**「私の知る限り」も重要。**so [as] far as** は程度・範囲に言及する際に用いる。**407. will do**「間に合う / 用が足りる」(熟語)。**so [as] long as**「～が…する限りでは (= if only)」は期間・条件を示す場合に使う。**408. Do you mind if ～?**「～しても良いですか」

405. 自動車に関する限り、日本と競争できる国はないだろう。

406. 私の知る限りでは、これが私達の解決できる唯一の方法です。

407. おもしろければどんな本でもよい。

408. 「窓を開けてもよろしいですか」「ご遠慮いただきたいのですが」

409. 私の仕事を手伝って頂けたらありがたいのですが。

410. 良書を読むたびに、人は賢くなる。

411. その映画を見そこなって残念です。

は本来「もし私が〜したらお気になさいますか」が原義。**Would you mind 〜 ing?** の形もある (☞ 97)。I'd rather you wouldn't. (☞ 384)。
409. it は if 以下を示す仮目的語。**410. Every [Each] time** + 節で「〜するたびに」。**411. that** は「〜して / しなくて（残念・嬉しい）」の接続詞。that 以下は I am sorry を修飾する副詞節。「〜して」の意 (☞ 542)。that は省略可。**miss 〜 ing**「　しそこなう」。

☑412. **Whenever** I look at this picture, I am reminded of my happy childhood.

☑413. **Once** you get into the habit of smoking, you can hardly get out of it.

☑414. **Now that** I have passed the exam, I can relax and take it easy.

☑415. I was **at once** surprised **and** pleased when she showed up.

☑416. He will be much better (**the**) **next time** you ask after him.

☑417. We had **scarcely** started **before** it began to rain.

☑418. I **wonder if** you could do me a favor.

☑419. He **asked** her **if** she had ever eaten raw fish.

Notes

412. whenever (=every [each] time)「〜する時にはいつも」。(☞ 412 の 書換 は 477)。**413.** once「いったん〜したら」。類例 Once seen, his face is hard to forget.「いったん見たら、彼の顔はなかなか忘れられない」。**414.** now that「今や〜したからには」。As [Since] にしても可。take it easy「気楽にやる」。**415. at once A and B**「A であると同時に B (＝ both A and B)」。at once「ただち

412. **いつでも**この写真を見**ると**、幸せだった子供の頃を思い出す。

413. **いったん**喫煙の習慣を身につけ**たら**、なかなかやめるのは難しい。

414. もう試験に合格した**から**、リラックスしてゆったりすることができるぞ。

415. 私は彼女が現れたときに驚いた**と同時に**喜んだ。

416. **こんど**君が彼を見舞う**ときは**、彼はずっとよくなっているでしょう。

417. 私たちが出発**するかしないうちに**雨が降り出した。

418. ひとつお願いを聞いてもらえない**でしょうか**。

419. 彼は彼女に刺し身を食べたことがある**かどうか**たずねた。

に」と区別すること。**416.** (the) next time「次に〜する時には」。類例 **The last time** I saw him, nothing seemed to be wrong with him.「最後に彼に会った時には、別段どこも具合が悪そうにはなかった」。**417.** scarcely [hardly] A before [when] B「A するや否や B した (＝ no sooner A than B)」(☞ 512・297)。**418〜419.** if「〜かどうか (＝ whether)」。do ＋人＋ a favor「人の願いを聞く」。

☑ 420.　I did **not** miss my watch **until** [**till**] I got home.

☑ 421.　She graduated from college **long before** her younger sister did.

☑ 422.　The couple married **only two weeks after** they had gotten acquainted.

☑ 423.　Keep an eye on the baby **while** I am away, will you?

☑ 424.　I will write to you **as soon as** I arrive in Tokyo.

☑ 425.　**As** he grew older he became more and more forgetful.

☑ 426.　**The moment** [**minute**/**instant**] she saw me, she turned pale as if seeing a ghost.

☑ 427.　Don't touch that cup. **Leave it as it is**.

Notes

420. not A till B「BしてはじめてAする／した」。文脈によっては文字通りに「家に帰るまで時計をなくしたことに気がつかなかった」と訳しても良い（☞ 354）。(書換) **Not until [till] I got home did I miss my watch.** (☞ 461)。**421. long before**「～するずっと前に」。**422. only two weeks after**「～してわずか2週間後に」。**423. while**「～の間に」。while は接続詞故に、節が付随する（ただし

16. 接続詞 133

420. 私は家に帰って**はじめて**時計をなくしたことに気がついた。

421. 彼女は妹**よりずっと前に**大学を卒業しました。

422. 二人は知り合って**わずか2週間後に**結婚した。

423. 僕がいない**間**この赤ちゃんを見ていてね。

424. 東京に着き**しだい**お手紙を差し上げます。

425. 彼は年をとる**につれて**、ますます物忘れがひどくなった。

426. 彼女は私を見**たとたんに**、まるで幽霊でも見たように顔がまっ青になった。

427. そのカップにさわるな。**そのままにしておけ。**

---

while ～ ing の縮約形も可) が、前置詞の during は後に名詞が来る。
例 A Mr. Russel called **during** your absence.「留守中にラッセルさんという方から電話がありました」。**424. as soon as**「～するや否や」。**425. as**「～するにつれて」。**426. the moment [minute/instant]**「～した瞬間に」(☞ 297・512)。 **427.**「それがあるようにしておけ」が直訳。
書換 Leave it **the way** it is.

☑ 428. She kept silent **lest** she **should** betray the truth.

☑ 429. He keeps quiet **for fear that** he **should** disturb his father.

☑ 430. He works hard **in order that** his family **may** live in comfort.

☑ 431. Who are you **that** you should talk to me like that?

☑ 432. I hurried to the airport **so that** I **wouldn't** miss the flight.

☑ 433. I got caught in a shower on my way here, **so that** I'm soaking wet.

☑ 434. Those antiques are **so** valuable **that** it **would** be impossible to put prices on them.

Notes

428. lest ~ should ... で「…するといけないから/しないように」の表現。**429. for fear that ~ should ...**「…を恐れて/…しないように」。結局、428と429の上記の接続詞はほぼ同じ意味なので双方入れ替え可能。尚、両方のshouldは仮定法の「万一～したら」の**should**。**430.** 〔書換〕He works hard **in order for** his family **to** live in comfort. **431. that** は「～するなんて」という意味の副詞節を形成す

428. 彼女は真実を**もらさないように**黙っていた。

429. 彼は、父に迷惑を**かけないように**静かにしている。

430. 彼は自分の家族が快適に暮ら**せるように**一生懸命働いている。

431. 私にそんな口をきく**とは**君は一体何様なんだ。

432. 私はその便に**遅れないように**空港に急いだ。

433. 私はここに来る途中で、にわか雨に会った**ので**、ずぶぬれです。

434. それらの骨董品は値段がつけられない**くらい**貴重です。

る接続詞。should は「**感情・判断の should**」。**432.** so that 〜 will not「〜しないように」が過去時制で would になったもの。**433.**『結果』の接続詞 **so that** で「**そしてその結果**」の意。that を略して so だけでも「それで」として副詞的に使われる。**434.** は前から訳し下ろせば「**非常に貴重だから〜だ**」と『結果』の表現となるし、後ろから訳せば「**〜するくらい非常に〜た**」と『様態』の表現となる。

☑ 435. I was in such a hurry that I forgot to lock the door.

☑ 436. His behavior was such that everyone disliked him.

☑ 437. We made mutual concessions, with the result that the matter was settled.

☑ 438. I read it over and over again, until [till] I learned it by heart.

Notes

435. such ＋ 名詞 ＋ that ～「非常に…な ☐ だから～」。be in a hurry「急いでいる」(熟語)。**436.** これも 435. の such ～ that 構文の応用で、such の後の名詞が省略されたもの。such は「大変なもの」という名詞だから、**such ＋ that** は「～は大変なものだから…」の意となる。Such が文頭に出されて次のようになる場合も多い。
(書換) **Such** was his behavior **that** everyone disliked him. (☞ 435 ・

435. 私は**非常に**急いでいた**ので**、ドアの鍵をかけるのを忘れてしまった。

436. 彼のふるまいは**大変ひどかったので**誰もが彼を嫌った。

437. 我々は相互に譲歩し、**その結果**、問題は解決された。

438. 私はそれを何度も何度も読み返し、**ついに**それを暗記した。

436・458)。**437. with the result that** は「そしてその結果」のように副詞的に訳し下げる。and as a result や and consequently 等と言い換えできる。**438.** until [till] は通常「〜まで」と訳し上げるが、状況を時間順に描写してゆく文では「**そして（ついに）**」と訳し下げる。over and over again「何度も何度も」learn 〜 by heart「〜を暗記する（＝ memorize）」。

☐ 439. The problem is **not** what you did **but** how you did it.

☐ 440. **Not only** did he come up with the plan, **but** he **also** carried it out.

☐ 441. A man is worthy of respect **not because** he is rich **but because** he has wisdom.

☐ 442. **Whether** he will succeed **or not** depends on his health.

☐ 443. We are supposed to learn **either** English **or** German.

☐ 444. Men differ from brutes **in that** they can think and speak.

☐ 445. **Not that** I hate the work. I'm not strong enough for it.

Notes

439. いわゆる **not A but B** 構文。「**A ではなく B**」。書換 The problem is how you did it, **not** what you did. このように、**B, not A**「B であって、A ではない」とも表現できる。**440. not only A but (also) B**「**A であるばかりでなく B も**」。文頭に Not only という副詞が出たために倒置文になっている。**441. not because A but because B**「**A だからでなく B だから**」。これは not A but B「A でなく B」の

439. 問題は、君が何をやったか**ではなく**それをどうやったか、**である**。

440. 彼はその計画を提案した**ばかりでなく**、遂行した。

441. 人は金持ち**だからでなく**、知恵がある**から**尊敬に値するのだ。

442. 彼が成功する**か否か**は彼の健康の如何によります。

443. 我々は英語**か**ドイツ語**かどちらか**を学ぶことになっている。

444. 人間は考えることと話すことができる**という点で**、獣（けだもの）と違っている。

445. その仕事が嫌い**だからではないのです**。それができるほど体が強くないのです。

応用。だが、両者は意味が正反対なので要注意。**442.** Whether 〜 or not「〜か否か」が主語。(書換) It depends on his health **whether** he will succeed **or not**. (☞25)。 **443. either A or B**「A か B かのどちらか（を）」。両方ともなら **both A and B** を使う。**444. in that** +節「〜という点で」。**445. Not that**「〜という訳ではない」は It is not that の縮約形。(書換) **It is not that** I hate the work.

☑ 446. **As** the desert is like a sea, **so** is the camel like a ship.

☑ 447. **That** he is a man of character cannot be denied.

☑ 448. (**The**) **chances are that** she is still in bed.

☑ 449. **The fact is that** his wife died of cancer five years ago.

☑ 450. **The trouble with** *you* **is that** you are always finding fault with others.

☑ 451. There is no denying **the fact that** the earth is round.

☑ 452. I wrote a letter **to the effect that** she would soon get better.

Notes

446. **As ~ , so ...** は相関語句として用い、「~ように、…する［である］」。so 以下は倒置しているので次のようにも言える。〔書換〕**As** the desert is like a sea, **so** the camel is like a ship. **447.** 文頭の **That** は名詞節を作る接続詞で「~ということ」の意。〔書換〕**It** cannot be denied **that** he is a man of character. **448.** 文頭の The は略して **Chances are that ~ .** の形でも良い。(the) chances とは「見込み・可

446. 砂漠が海のようなものである**ように**、ラクダは船のようなもの**である**。

447. 彼が人格者だ**ということは**否定できない。

448. **どうやら**彼女はまだ寝ている**ようだ**。

449. **実は**彼の奥さんは5年前にがんで亡くなった**のです**。

450. あなた**の困った点は**、いつも他人のあら探しをする**ことです**。

451. 地球が丸い**という事実**を疑うことはできない。

452. 私は、彼女がまもなく回復するだろう**という趣旨の**手紙を書いた。

能性」のこと。**449.** 書換 **The truth is that** his wife died of cancer five years ago. die of「〜で死ぬ」。**450.** 書換 **The problem with** you **is that** you are always finding fault with others. **451. the fact that** で「〜という事実」。the fact と that 節が同格関係。**There is no 〜 ing** は「〜することは不可能である」（☞ 69）。 **452.** a letter **to the effect that** 〜「〜という趣旨の手紙」。

17 強調

☐ 453. I **do** *hope* you will not make the same mistake again.

☐ 454. *What* **on earth** is going on here, young lady?

☐ 455. **Who but** Tom **should** I meet there?

☐ 456. **Only when** we go abroad *can we realize* what a happy nation the Japanese are.

☐ 457. **The mere sight of** him gets on my nerves.

Notes

453. do は動詞を強調するための代動詞。**動詞は必ず原形**になる。〔例〕"He **did** say it. Believe me."「彼は**本当に**そう言ったんだ。信じてよ」。**454. on earth** は疑問詞を強調して「**一体**」の意。**in the world** でも良い。〔例〕Where **in the world** have you been all this while?「**一体**今までどこにいたのですか」。**455.** 直訳「私はそこでトム以外の誰に会っただろうか」。これは修辞疑問文で反語として

453. 君が再び同じ誤ちを繰り返さないことを**切に**望む。

454. お嬢さん、ここで**一体**何が起こっているんですか。

455. 私がそこで会ったのは**他でもない**トムだった。

456. 外国に行っ**て初めて**、日本人がどんなに幸福な国民であるかが実感できます。

457. 彼**を見ただけで**私は神経がいら立つ。

使われる。「なんと他でもないトムと会った」という驚きの表現で、「判断・感情の should」が使われている。口語では should を使わず、次のように言っても可。書換 **Who but** Tom *did* I meet there?　**456. Only when**「〜して初めて (= **Not until**)」。副詞が文頭に出たため、*can we realize* と倒置文が付随する。**457. the mere sight of**「〜を見ただけで」。cf. **the mere thought of**「〜を考えただけで」。

18　倒　置

☐ 458. **Such** was *his pride* **that** he couldn't ignore the insult.

☐ 459. **So** *passionate* was his letter **that** she was moved to tears.

☐ 460. **Behind the clouds** is the sun always shining. (proverb)

☐ 461. **Only yesterday** *did I realize* what she meant.

☐ 462. **Not until** I glanced at my elbow *did I notice* it bleeding.

☐ 463. **The rest of the night** I spent thinking of my future.

☐ 464. **Far more important** is the fact that man can speak and write.

Notes

強調したい語句を文頭に出すと倒置する場合が多い。**458.** 書換 His pride was **such that** he couldn't ignore the insult. (☞ 435・436)。 **459.** 書換 His letter was **so** passionate **that** she was moved to tears. **460.** 場所を示す副詞（句）＋V＋Sの第１文型で「〜に…がある」の意味になる。**461.** 副詞句＋倒置文の型。**Only yesterday** = **Not until yesterday**「昨日になって初めて」(☞ 456 Note)。 **462. Not**

458. 彼のプライド**は大変なものだったから**その侮辱を無視できなかった。

459. 彼の手紙が**とても**情熱的だった**ので**彼女は感動して涙が出てきた。

460. **雲のうしろには**いつも太陽が輝いている。(諺)

461. **昨日になってやっと**彼女の言葉の意味がわかった。

462. ふと肘を見**て初めて**私は出血に気づい**た**。

463. **その夜の残りを**私は自分の将来について考えながら過ごした。

464. 人間が言葉を話し、書くことができるという**事実こそ**はるかにもっと重要である。

---

until A ＋倒置文 B で「A になって初めて B する」と訳す。(書換1) I did **not** notice my elbow bleeding **until** I glanced at it. (書換2) **It was not until** I glanced at my elbow **that** I noticed it bleeding. **463.** O のみ文頭に出る一般的な O ＋ S ＋ V の倒置。(比較) Not a single word *did* he say.「彼は一言も言わなかった」。**464.** C ＋ V ＋ S の倒置。(書換) The fact that man can speak is far more important.

19 無生物主語

☐ 465. Astonishment **deprived** me **of** my power of speech.

☐ 466. This road will **take** you **to** the station.

☐ 467. His hard work **led** him **to** the invention of an innovative machine.

☐ 468. The sudden noise **caused** me **to** start.

☐ 469. A moment's thought will **make** it **clear**.

☐ 470. His attendance will **save** me the trouble of having to pay him a visit.

☐ 471. Grief **drove** him **mad**.

☐ 472. Ignorance of a law **does not justify** you in breaking it.

Notes

465. 直訳「驚きが私から話す力を奪った」。**deprive A of B**「AからBを奪う」。**466.** 直訳「この道はあなたを駅に連れて行く」。**take [lead] A to B**「AをBへ連れて行く」。(書換1) This road will **lead** you **to** the station. (書換2) This road **leads to** the station. **lead to** ＋名詞「人を～に導く」。**467.** 直訳「彼の熱心な研究が彼を革新的な機械の発明に導いた」。**lead A to (do)** の型もある→(参考) Praise

465. 驚きのあまり私は話す力がなくなってしまいました。

466. この道を行けば駅に出ます。

467. 彼は熱心に研究したので画期的な機械を発明することができた。

468. 私は突然の物音にぎょっとした。

469. ちょっと考えてみればそれはわかる。

470. 彼が出席してくれれば、私が彼を訪問する手間が省ける。

471. 悲しみのあまり彼は気が狂った。

472. 法律を知らないからといって法律を破ってよいということにはならない。

---

leads children to study harder.「ほめられると子供は一層勉強するようになる」。**468.** 直訳「突然の物音が私にぎょっとさせた」。**cause A to (do)**「(…が原因となって) A に〜させる」。start「ぎょっとする」。**470.** save＋人＋手間・時間「人の手間・時間を省く」(S・V・O・O の第 4 文型)。**471.** drive＋人＋形容詞「人を〜の状態に追いやる」。**472.** justify「〜を正当化する」。it は a law のこと。

☑ 473. The heavy snow prevented the train from running on time.

☑ 474. Twenty minutes' walk brought me to the concert hall just in time.

☑ 475. The scholarship made it possible for him to continue his studies.

☑ 476. Winning the scholarship enabled me to study abroad.

☑ 477. This picture always reminds me of my happy childhood.

Notes

473. **prevent [keep] A from ～ing**「A に～させない」。[書換] The train could not run on time **on account of [because of/owing to/due to]** the heavy snow. **474.** **bring [take] A to B**「A を B に 連れて行く/連れて来る」。bring はその方向を問わないが、take は自分から遠くなるよう運んだり連れて行く場合に使う (☞ 466)。「20分」が複数だから minutes' のアポストロフィの位置に注意。

473. 大雪のため列車は時間通りに走ることができなかった。

474. 20分歩くと私は演奏会にちょうど間に合って着いた。

475. 奨学金がもらえたおかげで彼は学業を続けることができた。

476. 奨学金をもらったので私は海外留学をすることができた。

477. この写真を見るといつも幸せだった子供の頃を思い出す。

・・・・・・・・・・・・・・・・・・・・・・・

475～476. **make it possible for A to (do)** = **enable A to (do)**「Aが～することを可能にさせる」→「…のおかげでAは～できる」と意訳できる。[類例] The dense fog **made it impossible for** the ship **to** reach the port.「濃い霧のため船は港に着くことができなかった」。
477. remind A of B「AにBを思い出させる」(☞412)。[書換] This picture always **makes** me **think of** my happy childhood.

20 同格

478. **Albert Einstein, an atomic physicist**, was also known as a pacifist.

479. I have an aim in life, **to** make a name in medicine.

480. He admitted his defeat, **a thing** which was quite unusual for him.

481. **The idea** never crossed my mind **that** he had been suffering from cancer.

482. **The belief** is commonly held **that** AIDS is an incurable disease.

483. **The mystery** remains **why** all the dinosaurs vanished from the earth so suddenly.

Notes

478. 固有名詞の直後にカンマをつけてその肩書きや身分・地位を説明的に追記することが多い。**479.** an aim in life と to 以下が同格関係になっている。make a name (for oneself)「名を上げる / 有名になる」。**480.** He admitted his defeat の文全部と a thing 以下が同格関係になっている。**481.** The idea と that 以下が分離した同格関係。〔書換〕**The idea that** he had been suffering from cancer never

20. 同格

478. 原子物理学者のアルバート・アインシュタインは平和主義者としても知られていた。

479. 私には人生の目的がひとつある。**すなわち**医学で名をあげる**ことだ**。

480. 彼は自分の敗北を認めた**が、それは**彼には極めて珍しい**ことだった**。

481. 彼が癌（ガン）に苦しんでいた**という考え**は決して私の頭には思い浮かばなかった。

482. エイズは不治の病いである**という考え**が広くもたれている。

483. **なぜ**すべての恐竜があれほど急に地球上から消滅した**のかという謎**は依然として残っている。

---

crossed my mind. としても良いが、これでは主語が長すぎて文の均衡を欠くので、上例の方が格好が良く、より好まれる。**482.** これも481と同様の分離した同格関係。dinosaurs [dáinəsɔ́:rz] **483.** これも The mystery と why 以下が分離した同格関係。remain は「残る／残っている」の自動詞。類例 **The fact** remains **that** he is a genius.「彼が天才だという事実は依然として残る」。**The fact – that** 以下の分離修飾。

21 挿 入

☐ 484. This medicine, **properly used**, will do a lot of good.

☐ 485. Where **do you think** I met him the day before yesterday?

22 省 略

☐ 486. **Some people** find happiness in money, **some** in fame, and **some** in knowledge.

☐ 487. She hardly ever speaks **unless spoken to**.

Notes

484. properly used ＝ if it is properly used で、分詞構文の一種。properly used は文頭にも文尾にも移動可。 485. Where did I meet him the day before yesterday?「私はおとといどこで彼に会ったのか」の疑問文に do you think が挿入されたもの。(×) Do you think where ～? とはできず、**疑問詞の後に do you think [imagine/guess/suppose, etc.] を挿入する**。 参考 Do **you know** where I met

484. この薬は、**正しく用いれば**、大変効きめがあるでしょう。

485. 私がおとといどこで彼に会った**と思いますか**。

486. **ある人は**金銭に、**ある人は**名声に、**ある人は**知識に幸福を見出す。

487. 彼女は**話しかけられない限り**めったにしゃべらない。

・・・・・・・・・・・・・・・・・・・・・・・・・・・・・・・・

him the day before yesterday?「私がおとといどこで彼に会ったか**ご存知ですか**」のように、Do you know は文頭に置く（☞516）。**486.** 2つ目と3つ目の some の後に **people** find happiness が省略。反復を避けるため。**487.** She hardly ever speaks unless she is spoken to. の she is が省略されている。she is などの**代名詞＋be 動詞**は略されることが多い。**hardly ever ＝ seldom**「めったに〜ない」。

23 代名詞

488. For some reason or other, the two of them hate **each other**.

489. As time goes on, those present will start talking to **one another**.

490. He read **one** book **after another**.

491. Their manners and customs are quite different from **those** of our country.

492. The population of Japan is much larger than **that** of England.

493. Kent prefers Chinese to Japanese, for **the former** is easier than **the latter** for Westerners.

494. **Some** of them showed up in Japanese clothes, **others** Western.

Notes

488. each other「お互い」は主に2者間で使う代名詞。「お互いに」の日本語から副詞と勘違いしないこと。**489. one another**「お互い」は主に3者以上の場合に使う。As は「～につれて」。**490. one ～ after another**「次から次へと」。これは副詞としても使う。(例) **One after another** all his plans have failed.「次々と彼の計画は全て失敗した」。**491 ～ 492.** those と that は反復を避けるための代名詞

488. どういう訳か、彼ら二人は**お互い**を嫌い合っている。

489. 時がたつにつれて、出席者たちは**お互い**に会話をし始めるでしょう。

490. 彼は本を**次から次へと**読んだ。

491. 彼らの風俗習慣は我が国の**もの**とは全く違っている。

492. 日本の人口はイギリスの**それ**よりずっと多い。

493. ケントは日本語より中国語の方が好きだ。というのは西洋人にとっては、**前者**の方が**後者**より易しいからだ。

494. 彼らの中には和服で現れた**人もいた**し、洋服で現れた**人もいた**。

で、491. では Their manners and customs の代わりに **those** が、492. では The population の代わりに **that** が用いられている。**493. the former**「前者」はここでは Chinese。**the latter**「後者」はここでは Japanese。**494. some** と **others** の対比で使う代名詞で「**ある者は**」「**またある者は**」の意。「〜する者もいるし、〜する者もいる」と訳す。Western の前に showed up in が省略。

☑ 495. They have two children. One is in Boston and the other (is) in Chicago.

☑ 496. He was beside himself with joy over his success.

☑ 497. Alcohol is a poison in itself.

☑ 498. I'd like you to get out of this room, and that immediately.

☑ 499. One should always keep one's promise.

☑ 500. Neither of the two *is* alive any longer.

☑ 501. None of them *were* [*was*] present at the party.

☑ 502. He is something of a poet.

Notes

495. one と the other は2つの名詞のそれぞれについて述べる表現。**one**「一方」**the other**「他方」。3者の場合には、**one, another, the other** となる。**496. be beside oneself with** ～「～で我を忘れる／忘れている」。(比較) She **was beside herself with** grief.「彼女は悲しさで気も狂わんばかりだった」。**497. in oneself**「それ自体」。**498. and that**「しかも」。(副詞句)。I'd like you to (do)「君に～してほし

495. 彼らには子供が二人いる。**一人**はボストンに、そして**もう一人**はシカゴにいる。

496. 彼は自分の成功のことで嬉しさ**に我れを忘れていた**。

497. アルコールは**それ自体**毒である。

498. 君にこの部屋から出て行って頂きたい。**しかも**今すぐに、だ。

499. **人**は常に約束を守るべきだ。

500. その二人のうち**のどちらも**もはや生きてはい**ない**。

501. **彼らのうちの誰も**パーティーには出席し**なかった**。

502. 彼は**ちょっとした**詩人である。

い」。**499.** 代名詞 one「人」はそれを受ける代名詞も one を用いる。ただし he [his/him] で受けても良い。**500.** neither は 2 者の両方を否定する代名詞。(比較) **Both of** the two *are* still alive.「その 2 人のうち両方ともまだ生きている」。**501.** none は 3 者以上を否定する代名詞。本来は none は単数扱い。可算名詞のときは複数扱いも可 (☞ 310)。**502.** (反対) He is **not much of a** poet.「彼は大した詩人ではない」。

24 時　制

503. Ten years **have passed since** they got married.

504. **It is** three years **since** I saw her last.

505. He **has been dead for** these ten years.

506. I **have been to** Hawaii several times.

507. I **have** just **been to** the airport to see my cousin off.

508. **This is the first time that I have** tried talking to a foreigner in English.

509. **By the time** you get to Japan I **will have left** for Southeast Asia.

510. His wife **had been** drink**ing** for three hours **when** he got home.

Notes

503～504.「～して以来…年（ヵ月／日 etc.）になる」の表現。
503. 書換 **It has been** [**It is**] ten years **since** they got married.
504. 書換 *Three years* **have** pass**ed since** I saw her last. It is は It has been の簡略形。**505.** 直訳「彼はこの10年間死んでいる」。
506. have been to ＋場所「～へ行ったことがある」。現在完了形の経験用法。**507. have** (just) **been to** ＋場所「～へ（たった今）行って来た

24. 時　制　*159*

503. 二人が結婚して 10 年**が過ぎた**。

504. 最後に彼女に会って**以来** 3 年**になる**。

505. 彼**が**死んでから 10 年**になる**。

506. 私は数回ハワイへ行ったことがあります。

507. 私はたった今、いとこを見送るために空港**へ行ってきたところです**。

508. **私が**外国人に英語で話しかけ**るのはこれが初めてです**。

509. あなたが日本に着く頃までには、私は東南アジアに向かって出発してしまっているでしょう。

510. 彼が帰宅した**時には**彼の妻は 3 時間ほど前から酒を飲んでいた。

・・・・・・・・・・・・・・・・・・・・・・・・・

ところである」。現在完了形の結果及び完了用法。**508.**「～するのは…回目です」の表現。　**509.** 未来完了形 will [shall] have + p.p. は「～してしまっているだろう」等の意。**510.** 過去完了形 had + p.p. は過去形との対比で使い、過去のそのまた過去に用いる。「彼が帰宅した」時よりも「彼の妻が酒を飲んでいた」時の方がより古い過去だから、had + p.p.。要するに **had + p.p.** は「**大過去**」と考えよ。

☐ 511.　**I had not gone very far before [when]** it began to rain.

☐ 512.　**Hardly had** I **seen** the sight **when** I turned red in embarrassment.

Notes

511. 直訳「雨が降り始める前には、私はあまり遠くへは行っていなかった」。**had not** + **p.p.** + **before [when]** 〜の形で、前から訳し下げて「…しないうちに〜した」と訳す慣用表現。not が使われない場合もある。(類例) I **had** waited a little **before [when]** he showed up.「少し待つと彼が現われた」。**512. hardly [scarcely]** 〜 **when [before]** …「〜するかしないかのうちに…した」の表現。511. との

511. 少し行ったところで雨が降り出した。

512. 私はその光景を目にするや否や恥かしさで赤面した。

関連表現。これは **no sooner 〜 than ...** でも書き換えできる。
書換1 **No sooner** *had* I *seen* the sight **than** I turn**ed** red in embarrassment. 書換2 **The moment** I *saw* the sight, I turned red in embarrassment. (☞ 297・417・426)。類例 **Scarcely** *had* I finish*ed* talking **before** he start*ed* asking me quite a few question. 「私が話し終える**や否や**彼は多くの質問をし始め**た**」。

25 付帯状況の with

☐ 513. She came into the room, **with** her eyes *shining*.

☐ 514. He stood **with** his arms *folded*, thinking about his family in America.

☐ 515. Being shortsighted, I can hardly see anything **with** my glasses *off*.

Notes

付帯状況の with の表現は、**with ＋ O ＋ C** の形で表現され、「～を…の状態にして」の意になる。C（補語）の部分には、～ing, p.p., 前置句 etc. が入る。**513.** **with ＋ O ＋～ing** の型。「目を輝かせて」。**514.** **with ＋ O ＋ p.p.** の型。「腕が組まれた状態で」→「腕組みをして」。**515.** **with ＋ O ＋前置詞**の型。「メガネをはずした状態で」。with を省く場合もある。〔例〕He is reading a newspaper, **pencil in hand**.「彼は、

513. 彼女は目を輝かせて部屋に入って来た。

514. 彼はアメリカにいる家族のことを考えながら腕組みをして立っていた。

515. 私は近眼なので、メガネをかけなかったら、ほとんど何も見えません。

鉛筆を手に持って新聞を読んでいる」。*with* a pencil in *his* hand を簡略化したもの。もう少し用例を挙げる。〔例〕Don't speak **with** your mouth *full*.「物を食べながら話をしてはいけません」。これは **with** ＋ **O** ＋形容詞の例。「口を（物で）一杯にして」が直訳。〔例〕He listened to the story **with** his eyes *in tears*.「彼は目に涙を浮かべて彼女の話を聞き入った」。これは **with** ＋ **O** ＋形容詞句の例。

26 疑問詞を含む構文

CD 27

☑ 516. **What** *do you guess* **caused** him **to** lose his job?

☑ 517. **What** did you take a week off **for**?

☑ 518. I have no idea of **what has become of** her since.

☑ 519. **How kind of** you (it is) **to** give me such a nice present!

☑ 520. **Why don't you** order the book from the store before it's sold out?

☑ 521. **Why not** take a holiday for about a week?

☑ 522. **How would you like to** go to the dance?

☑ 523. **What is the use [good] of** talking about it now?

Notes

516. ふつうの疑問文に do you guess を挿入したもの。疑問詞で始まる疑問文に do you guess 等を挿入する時は必ず疑問詞の直後(☞485)。ただし、Do you know の場合は文頭に置く(☞485・Note)。**517. What** + **for**「何のために」。書換１ **Why** did you take a week off? 書換２ **How come** *you took* a week off? How come（口語）は who と同義だが、その後が平叙文になることに注意。**518. what**

516. **何が原因で**彼**は**職を失ったと思いますか。

517. 君は**なぜ**1週間休暇をとったのですか。

518. その後彼女が**どうなったか**、さっぱりわかりません。

519. 私にそんなすてきなプレゼントを下さる**とは**あなたは**なんて親切なお方でしょう**。

520. 売り切れる前にその本を店に注文**したらどうですか**。

521. 1週間ほど休みをとっ**たらどうですか**。

522. ダンスパーティーに行き**ませんか**。

523. それについて今話して何になるのですか。

---

becomes of ～ で「～はどうなるのか」の名詞節。**519.** How kind of you の後の it is は略すのが普通。**520 ～ 521.** 提案・勧誘の表現。「～したらどうですか」の Why don't you ～? の簡略形が Why not ～?。〔書換〕**How about** going to a dance? **What do you say to ～ ing**?（☞ 200）。**523.** 反語の疑問文。〔書換〕**It is (of) no use** talking about it now「それについて今話しても無駄だ」（☞ 10）。

27　命令文を含む構文

☐ 524. **Make sure that** the complaints are dealt with as quickly as possible.

☐ 525. **Be sure to** drop us a line during your visit to London.

☐ 526. **Let** this **be** a lesson to you.

☐ 527. **Let's not** speak ill of others behind their backs.

☐ 528. Start now, **and** you'll make the train.

☐ 529. Get enough exercise, **or** you'll gain weight.

Notes

524. 慣用的な倒置文で、**Make** ＋ **sure** ＋ **that** 節「～を確かなものにさせよ」がその直訳。**Make sure that** ～．「必ず～となるようにしなさい」として使う。**525. Be sure to** (**do**) ～．「必ず～しなさい」。drop ＋人＋ a line「人に短い手紙を書く」。**526.** (類例) Please **let** me **hear** from you once in a while.「たまには便りをください」。hear from「～から消息を聞く」。**527. Let's not** ＋原形は「～するのはよ

524. 苦情はできるだけ迅速に処理される**よう図らいなさい**。

525. ロンドンに滞在中、**必ず**手紙を寄こ**してください**。

526. これ**を**教訓**にしなさい**。

527. 他人の陰口を言うの**はよしましょう**。

528. 今出発しなさい。**そうすれば**列車に間に合います。

529. 十分な運動をしなさい。**さもないと**、太りますよ。

そう」と提案する表現。肯定文では **Let's**＋原形 (＋, **shall we**)?「〜しましょう(ね)」(☞ 96)。behind one's back(s)「その人のいない所で」(熟語)。**528. 命令文**＋**and**「〜しなさい。そうすれば」make「(乗物・会合) に間に合う」。**529. 命令文**＋**or [otherwise]**「〜しなさい。さもないと」。get [take] exercise「運動をする」。gain [↔lose] weight「太る [↔やせる]」。

28 その他の重要構文

530. **Of** the three boys, I find the one on the right most attractive.

531. *Among the candidates* **is** the student named Jerry Smith.

532. **Rumor has it that** there would be a major earthquake in the near future.

533. I **owe it to** you **that** I escaped unhurt.

534. He is addicted to cigarettes ; **so much so that** he can't do without them even a day.

535. Nobody **wants there to be** another world war.

Notes

530. 文頭の of は特別な場合を除いて、大体「〜のうちで」の意になる。531. 倒置文。(書換) The student named Jerry Smith **is** *among the candidates*. 複数名詞の candidates につられて are にしないこと。532〜533. it は that 以下を示す仮目的語。532. **Rumor has it that** 〜「うわさによると〜だ」。533. **owe it to** ＋人＋ **that** 〜「〜は（人）のおかげである」。これは owe A to B「A は B のおかげであ

530. その3人の少年の**うちで**、右側の子が最も魅力的だと思います。

531. 候補者**の中には**ジェリー・スミスという名前の学生**がいる**。

532. **噂によると**近い将来、大地震が起こる**ということだ**。

533. 私が無傷で脱出できた**の**はあなたの**おかげです**。

534. 彼はタバコ中毒だ。**それがあまりにもひどいので**、1日もタバコなしではやっていけない**ほどだ**。

535. 再び世界大戦**が起こることを望む**人など誰もいない。

る（☞ 224）」の姉妹表現。この種の仮目的語 it をとるものには **see to it that**（☞ 34）、**take it that**（☞ 34・Note）などがある。unhurt「無傷で」。 **534. So much so that** 〜「その程度は大変なものだから〜だ」。 so 〜 that 構文で much so は「大変にそうである」の意。**535. want ... to (do)** 〜「…に〜してほしい」と there 構文の組み合わせ。**want there to be** 〜「〜に存在してほしい」が直訳。

☐ 536. **Let there be no** mistake again.

☐ 537. The girls were dancing gracefully **like so many [as so many]** butterflies.

☐ 538. She will **make** him a good wife.

☐ 539. Please **help yourself to** the cookies on the table.

☐ 540. I am **only too** glad to hear the news.

☐ 541. **There is nothing like** home.

☐ 542. Are you happy that you were born **Japanese**?

Notes

536. Let there be no ~ .「~のないようにしなさい」。There 構文とlet＋O＋原形不定詞の組み合わせ。**537. like so many [as so many]** ~「さながら~のように」。本来「同数の~のように」の意。**538.** S＋V＋O＋O の文型。**make＋O（人）＋O（人・物）**「（人）にとって~になる」の意。間接目的語を除いて、make＋O「~になる」とすることもできる。→例 She will **make** a good wife.「彼女は良い

536. 再び誤り**のないようにしなさい**。

537. 少女たちは**さながら**蝶**のように**優雅に踊っていた。

538. 彼女**は**彼にとって良い奥さん**になる**でしょう。

539. どうぞテーブルのクッキー**を**ご**自由に召し上がれ**。

540. その知らせを聞いて**本当に**嬉しい。

541. わが家**にまさるもの**［ところ］**はない**。

542. あなたは**日本人として**生まれて幸せですか。

・・・・・・・・・・・・・・・・・・・・・・・・・・・・・・・・

奥さんに**なる**でしょう」。→ 〔比較〕He **made** his son a doctor.「彼は息子を医者にした。(**make** + **O** + **C**「～を…にする/させる」)。
539. help oneself to + 名詞「～を自由にとって使う［食べる］」。
540. only too「非常に/本当に」。too ～ to 構文と間違えないこと。
542. Japanese は補語。〔例〕It's a pity that he died so **young**.「彼があんなに**若くして**死んだのは残念です」。young は補語（☞ 533）。

あとがき

ことばはわかるように作られている

　「英語は難しい」という人がいます。そうでしょうか？一歩譲って簡単ではないと認めましょう。日本語と全く異なる発想に基づく言語構造だからです。しかし、言語は本来、「わかるために作られた」ものです。自分の意志・感情・事実を他人にわからせることを意図して作られている以上、誰にでも身につくように工夫されているのです。その点わからないように作られた「暗号」とは対極にある訳です。

　人類の祖先が巨大な年月を費やして、万民に習得できるよう工夫してきた言語——英語も決してその例外ではありません。英語の学習に挫折した時に常に思い返して下さい。「英語はわかるようにできているのだ」と。

INDEX

数字は本編の英文通し番号

A

- a bit 144
- a case where ~ 240
- A day will come when ~ 239
- Adimitting what you say 173
- after all ＋名詞（譲歩） 318
- against one's will 76・315
- A is to B what C is to D. 230
- A, not B 217・439N
- All A have to do is (to) (do) ~ 256・141N
- All A think of is ~. 353N
- all the better for ~ 284
- All things considered 172
- and that 498
- any「いかなる～でも」 407
- any longer 500
- anythings but 351
- as「～なので」 158N・159N・162N・166N・167N
- as「～につれて」 425・489
- as A is 427
- as ~ as ... 365
- as ~ as any ... 270
- as ~ as ever 268
- as ~ as ever lived 269
- as ~ as possible 524
- as far as ~「～まで」 246
- as [so] far as A is concerned 405
- as good as ~「～まで」 290
- as if ~ 371・372・426
- as if ~ ing ... 426
- as is often the case with ~ 238
- as it were [so to speak] 385
- as ＋形容詞＋ a ＋名詞 269
- as long as ~ 156
- as many ~ 283
- As ~ , so ... 446・446N
- as [like] so many ~ 537
- as soon as 424
- ~ as ＋ S ＋ V（譲歩） 227・387
- As ＋ S ＋ V ＋ more, the more ＋ S ＋ V 264N
- as though 227
- ask a favor of ＋人 81
- ask ＋人＋ if [whether] ~ 419
- assist ＋人＋ with ＋物 409
- at least 181
- at once A and B 415

B

- ☐ B, not A 217・439N
- ☐ be able to (do) 357
- ☐ be about to (do) 〜, when 203N・245
- ☐ be above 〜 ing 347
- ☐ be accused of 8
- ☐ be amazed at 251
- ☐ be ashamed of 〜 ing 195N
- ☐ be ashamed of not having + p.p. 195
- ☐ be at a loss 112
- ☐ be being + p.p. 73
- ☐ be believed to (do) 152
- ☐ be beside oneself with 〜 496
- ☐ be born +補語 542
- ☐ be careful not to (do) 135
- ☐ be caught 〜 ing 155
- ☐ be determined to (do) 392
- ☐ be 〜 ever so ... 388
- ☐ be inferior to +名詞 258N
- ☐ Being で始まる分詞構文 158・515
- ☐ be it true or not 391
- ☐ be junior to +名詞 257N
- ☐ be kept 〜 ing 156
- ☐ be kept + p.p. 156N
- ☐ be known by 74
- ☐ be known to +人 75
- ☐ be made to (do) 76
- ☐ be never to (do) 116
- ☐ be on the point of 〜 ing 203
- ☐ be proud of 87
- ☐ be proud of + A's + having + p.p. 206N
- ☐ be referred to as 〜 209
- ☐ be reminded of 337・412
- ☐ be robbed of 71
- ☐ be said to (be) 145
- ☐ be said to have + p.p. 146
- ☐ be satisfied with 328
- ☐ be second to none 194
- ☐ be seen to (do) 77
- ☐ be senior to +名詞 257N
- ☐ be superior to +名詞 258
- ☐ be supposed to (do) 443
- ☐ be sure of + A +〜 ing 190
- ☐ be sure to (do) 123・525
- ☐ be surprised to (do) 100
- ☐ Be that as [what] it may 388N
- ☐ be thinking of 〜 ing 59
- ☐ be to blame 42
- ☐ be to (do)（義務・禁止）117
- ☐ be to (do)（意図）113
- ☐ be to (do)（可能）115
- ☐ be to (do)（運命）116
- ☐ be to (do)（予定）114
- ☐ be unlikely to (do) 176
- ☐ be used to 〜 ing 189
- ☐ be worth 〜 ing 181
- ☐ because「〜だからと言って」14・326

☐ because of	473N
☐ before（接続詞）	520
☐ begin to (do)	417
☐ both of	500N
☐ bring A to B	474
☐ 部分否定	327〜328
☐ 分詞構文（p.p. で始まる文）	
	161・171
☐ but for 〜	375
☐ but that〜「もし〜しなければ」	
	383
☐ by far ＋ the ＋比較［最上］級	
	260
☐ by no means	307
☐ by now	104
☐ by oneself	243
☐ by the time ＋ S ＋ V	
	3・49・509

C

☐ can do nothing but ＋原形
　　　　　　　　　　315
☐ Can it be true that 〜? 　79
☐ can never A without B 337N
☐ cannot afford to (do) 　108
☐ cannot be 〜 　78
☐ cannot but ＋原形 　119
☐ cannot 〜 enough 　312N
☐ cannot have ＋ p.p. 　80
☐ cannot help but ＋原形
　　　　　　　207・178N

☐ cannot help 〜 ing　178
☐ cannot 〜 too ...　312
☐ catch ＋ O ＋〜 ing　48
☐ cause A to (do)　468・516
☐ Chances are (that) 〜.　58
☐ 知覚動詞＋ O ＋原形　118
☐ come near (to) 〜 ing　182
☐ come what may　389
☐ command a fine view　169
☐ complain about ＋ A ＋〜 ing
　　　　　　　　　　191
☐ Considering ＋名詞　175
☐ Considering that 〜　175N
☐ cost ＋ O ＋ O　401・401N
☐ cost what it may　392
☐ Could I 〜?　81

D

☐ deny 〜 ing　192
☐ depend on　25・250・442
☐ deprive A of B　465
☐ despite　396N
☐ dissuade ＋人＋ from 〜 ing
　　　　　　　　　　344
☐ do anything but ＋原形　350
☐ do good　484
☐ do ＋人＋ a favor　418
☐ do ＋人＋ good　11
☐ 独立分詞構文　165〜168
☐ do（強調の代名詞）
　　　　　　　453・453N

- [ ] do more harm than good 293
- [ ] do nothing but ＋原形 120
- [ ] do not need to (be) 90N
- [ ] Do you know ＋疑問詞節 485N
- [ ] Do you mind if ～? 408
- [ ] drive ＋ O ＋ C 471
- [ ] drop ＋人＋ a line 525
- [ ] due to ＋名詞 275・473N
- [ ] during 423N・525

E

- [ ] each other 488
- [ ] either A or B 311N・443
- [ ] enable A to (do) 476
- [ ] ～ enough for ... to do ... 129
- [ ] ～ enough to (do) 130
- [ ] escape ～ ing 183
- [ ] even if ～ 401
- [ ] even の省略（最上級） 296・296N
- [ ] even though ～ 356・404N
- [ ] Every [Each] time ＋ S ＋ V 410
- [ ] Excuse me for not having ＋ p.p. 206

F

- [ ] fail to (do) 250・318
- [ ] far from (～ ing) 348
- [ ] feel like ～ ing 187
- [ ] few, if any 323
- [ ] few of ～ 319
- [ ] Few ～ so ～ as ... 303
- [ ] find it ＋ C ＋ to (do) 31・242
- [ ] find ＋ O ＋形容詞 530
- [ ] find ＋ O ＋ p.p. 122
- [ ] for（接続詞） 102・493
- [ ] for all ～ 397
- [ ] for as long as ～ 156
- [ ] for fear that ～ should [might] ... 429
- [ ] for oneself 225
- [ ] forget to (do) 435
- [ ] frankly speaking 282
- [ ] free from [of] 349
- [ ] 付帯状況の with 513・515
- [ ] 付帯状況の with の省略 515N

G

- [ ] get better 452
- [ ] get caught in a shower 433
- [ ] get ＋人＋ to (do) 52
- [ ] get into a habit of ～ ing 413
- [ ] get ＋ O ＋ done 49
- [ ] get ＋ O ＋ p.p. 59・96
- [ ] get to ＋名詞 509
- [ ] get to (do) 244

- get used to 〜ing　188
- go abroad　63・456
- go so far as to (do)　320
- go where you will　392N
- Granting [Granted / Grant] that 〜　174
- grow up to be 〜　139
- grow ＋比較級＋ and ＋比較級　263

H

- had better ＋原形　92・355
- had better not ＋原形　93
- Had it not been for　368N
- had not ＋ p.p. before [when]　511
- had waited a little before [when] 〜　511N
- happen to (do)　109
- hardly ever　487
- Hardly 〜 when …　512
- have been dead for 〜　505
- have been to ＋場所（完了・結果）　507
- have been to ＋場所（経験）　506
- have difficulty [trouble] (in) 〜ing　205
- have every reason to (do)　87N
- have 〜 left　321
- have no alternative but to (do)　339N
- have no choice but to (do)　339
- have not the least [slightest] idea of　309
- have nothing to do with　110
- have ＋ O ＋原形　53・53N
- have [get] ＋ O ＋ p.p.　13・53N・58・96
- have one's own way　94
- have only to (do)　141・256N
- have something to do with　110N
- have the kindness to (do)　132
- Having ＋ p.p.（完了分詞構文）　163
- having ＋ p.p.（完了動名詞構文）　206・206N
- hear from 〜　164・526N
- hear it said that 〜　32
- hear ＋ O ＋原形　381
- hear ＋ O ＋〜ing　203
- hear ＋ O ＋ p.p.　46
- help oneself to ＋名詞　539
- he [one] who 〜　208N
- 比較級＋ than any other ＋単数名詞　301
- 補語「〜の状態で」533・542

- [ ] hoped [wished/wanted] to have + p.p.　148
- [ ] How about ~ ing?　520N
- [ ] How come ~ ?　517N
- [ ] How dare ~ !　105
- [ ] How far is it from A to B?　2
- [ ] How I wish ~　365N
- [ ] How +形+ of + A + to (do)!　519
- [ ] How long does it take to (do) ~ ?　2N・19
- [ ] How would you like to (do) ~ ?　522
- [ ] However ~（譲歩）　394

I

- [ ] I am afraid　98
- [ ] I am sorry to have + p.p.　147
- [ ] I'd like + O + to (do)　44・498
- [ ] I'd like to (do) ~　35
- [ ] I'd rather +仮定法の文　384
- [ ] If A had + p.p., A would be ~　369N・370
- [ ] If A is to (do) ~（意図）　113
- [ ] If A were to (do) ~　378
- [ ] if any　323
- [ ] if ever　324
- [ ] If it had not been for ~　368・374N
- [ ] If it were not for ~　367・375N
- [ ] if のない仮定法（to 不定詞）　381
- [ ] if not ~　400・400N
- [ ] If only ~ !　365
- [ ] If ~ should …　377N
- [ ] in case of　358N
- [ ] in case ~ should …　358N
- [ ] in case + S + V　358
- [ ] Indeed ~ , but …　399N
- [ ] inferior to +名詞　258N
- [ ] inform A of B　54
- [ ] ~ ing（動名詞）　177 ~ 207
- [ ] ~ ing（現在分詞）　149・155
- [ ] ~ ing「そして~する」　154
- [ ] ~ ing「~しながら／して」　83・153・514
- [ ] ~ ing as + A + does（譲歩）　169・170
- [ ] in one's twenties　78
- [ ] in order for A to (do) ~　430N
- [ ] in order that A may …　430
- [ ] insist on ~ ing　201
- [ ] insist that ~ (should) …　201N
- [ ] in spited of　396
- [ ] inspite of oneself　398
- [ ] instant [moment / minute] the　426

- in that + S + V　　　444
- in the world　　　454N
- in vain　　　344・344N
- , in which case　　　237
- It appears that ～.　　36N
- It cost + O + O + to (do) ～　　　13
- It crosses one's mind that ～　　　21N
- It depends on ～ whether ～ or not.　　25・442N
- It doesn't follow that ～.　14
- It doest't matter to + 人 + how [whether] ～.　　24
- It follows that ～.　　14N
- It ～ for ～ to (do).　　5
- It goes without saying that ～.　　7
- It has been [It is] ～ years since ...　　504・503N
- It ～ + ～ ing 構文　10・184
- It is (about) time + 仮定法過去の節　　362
- It is all the same to + 人 + whether [how] ～.　　23N・24N
- It is pity that ～　　542N
- It is impossible to (do) ～.　　69N
- It is impossible to overestimate ～.　　312N
- It is needless to say that ～.　　7N
- It is not A but B that counts [matters].　　39
- It is not so much A as B that ～.　　41
- It is not that ～.　　445N
- It is not too much to say that ～.　　6
- It is not until ～ that ...　　37・354N・462N
- It is no wonder that ～.　15
- It is odd [strange] that ～ should ...　　8N
- It is (of) no use ～ ing.　　10・62N・523N
- It is often said that ～.　12
- It is one thing to (do) ～ ; it is quite another to (do) ～.　20
- It is safe to say that ～.　6N
- It is said that ～.　　12
- It is taken for granted that ～.　　17
- It is ～ that ... (強調構文)　　37～43
- It is ～ that ～ should ...　8
- It is (about) time + S + V.　　362
- It is ～ who ...　　42
- It is worth while ～ ing.　　22・181N

- It is worth while to (do) ~ .　22N・181N
- It looks like ＋ S ＋ V.　283
- It make no difference to ＋人 whether ~ .　23
- It may be said that ~ .　74
- It may safely be said that ~ .　9
- It occurs to ＋人＋ that ~ .　21
- It ~ of ~ to (do)　4
- It seems ＋ C ＋ to ＋人 ＋ that ~ .　29
- It so happens that ~ .　28・28N
- It stands to reason that ~ .　16
- It strikes ＋人＋ that ~ .　21N
- It takes time [energy] to do ~ .　18N
- It ~ that ... 構文　7・8・9・12・14・15・16・17・21・28・29・30・447N
- It ~ to (do) 構文　11・184N
- It was only when ~ that ...　38
- It was [took] rather long before ~ .　26N
- It will be ~ by the time ＋ S ＋ V.　3
- It will do ＋ 人 ＋ good to (do) ~ .　11
- It won't be long before ~ .　26
- It's been a long time since ~ .　1N
- I wish ＋仮定法過去完了形　364
- I wish ＋仮定法過去形　363
- I would appreciate it if you'd ~　409
- I would like ＋ O ＋ to (do)　44・498

J

- junior to ＋名詞　257N
- just because　326

K

- 過去分詞で始まる分詞構文　160・161・171・174
- 感情・判断の should　8・8N
- 関係代名詞の非制限用法　235・236・236N・237・238・245・246・253
- 関係代名詞の二重制限　216
- keep [prevent] A from ~ ing　473
- keep ＋人＋ informed of ~　54

- keep ＋人＋ waiting　　147
- keep ＋ O ＋ p.p.　　54・54N
- 形容詞＋ as [thugh] ＋ A ＋ is （譲歩）　　227
- know better than to (do)　　101・345
- 強調構文 (It is ～ than ...)　　37〜43

L

- lead A to B　　466N・467
- lead to ＋名詞　　466N
- leave A as A is　　427
- leave A the way A is　　427N
- leave it unsaid　　92
- leave no stone unturned　　56
- leave ＋ O ＋ C　　95・126
- leave ＋ O ＋ undone　　55
- left alone　　161・187
- left to oneself　　161
- less A than B（A というより もむしろ B）　　275
- less A than B（B より A では ない）　　274
- lest ～ should ...　　428
- let A be ～, （譲歩）　　390
- Let A be done　　72
- let alone　　108
- Let me hear from you ～　　526N
- Let me ＋ V　　526N
- let ＋ O ＋形容詞　　135
- Let there be no ～.　　536
- Let this be a lesson to you.　　526
- Let's ～ , shall we?　　96
- lie ＋ p.p.　　152N
- like [as] so many ～　　537
- Little [Never] did one dream [imagine] ～　　314・314N
- little, if any,　　322
- live to be ～　　140
- long before ＋ S ＋ V　　421
- look forward to ＋～ ing　　179
- look forward to ＋名詞　　179N
- look younger than A really is　　160

M

- make「～になる」　　538N
- make a point of ～ ing　　198・33N
- make A what A is　　45
- make ＋ O ＋ clear　　469
- make it　　123
- make it clear that ～　　35
- make it impossible for A to (do)　　475N
- make it know to the public that ～　　35N

- [ ] make it possible for A to (do) 475
- [ ] make ＋ O ＋ C「～を…にさせる」 45・106・235・538N
- [ ] make ＋ O ＋原形 43・76N・184
- [ ] make ＋ O ＋ O「～にとって…になる」 538
- [ ] make ＋ O ＋ p.p 41
- [ ] make ＋ O ＋ think of ～ 477N
- [ ] make oneself at home 50
- [ ] make oneself heard 51
- [ ] make oneself understood 31
- [ ] Make sure that ～. 524
- [ ] make the best use of 5
- [ ] manage to (do) 107
- [ ] may as well 88
- [ ] may have ＋ p.p. 98
- [ ] may well ＋原形 87
- [ ] 命令文＋, and 528
- [ ] 命令文＋, or 529
- [ ] 名詞＋, and ～ 357・357N
- [ ] 名詞＋ as [though] ＋ S ＋ is 387N
- [ ] 名詞＋～ ing「～している…」 149
- [ ] 名詞＋ p.p.「～された…」 150・151
- [ ] might as well A as B 89
- [ ] might as well ＋原形 88

- [ ] miss ～ ing 411
- [ ] moment [minute / instant], the 426
- [ ] more and more 425
- [ ] more of A than B 282
- [ ] more than = very (much) 304
- [ ] more ～ than any other ＋ 単数名詞 301
- [ ] more than one can stand 352
- [ ] much [still] less 262
- [ ] much [still] more 261
- [ ] must「ちがいない」 78
- [ ] must have ＋ p.p. 100
- [ ] must not 117N・388・393

N

- [ ] need ～ ing 199
- [ ] need not ＋原形 90
- [ ] need not have ＋ p.p. 91
- [ ] need to be ＋ p.p. 199N
- [ ] neither A nor B 311
- [ ] neither of ～ 500
- [ ] , neither of which 236
- [ ] Neither ＋ V ＋ S. 313
- [ ] never A but B 336
- [ ] never A without B 337
- [ ] Never [Little] did A dream [image] ～ 314・314N
- [ ] never fail to (do) 329

- Never has A + p.p. ~ .（倒置） 118・298
- Never have I heard anyone say ~ . 118
- Never ~ so ~ as ... 298N
- Never ~ such ~ as ... 298
- no ~ but ... 334
- no less A than B 276
- no less than ~ 277
- no longer 316N
- no matter what ~（譲歩） 390N・393
- no more A than B 288・288N
- no more than 291
- no one but ~ 331
- No one ~ so ~ as ... 302N
- No other ~ er [more] ~ than ... 302
- No other ~ so [as] ~ as ... 301N・302N
- No ~ so ~ that ~ not 333N
- No sooner ~ than ... 297・512N
- No wonder (that) ~ 15N
- None of 310・319N・501
- none other than ~ 295
- none the better for ~ 287
- none the less becasuse ~ 285N
- none the less for ~ 285
- , nor + V + S. 317
- not A any more than B 288N・289・289N
- not a bit 308・355N
- not A but B 39・439
- Not a day passes but ~ . 332
- Not a day passes without one's ~ ing. 332N
- not a few 356
- not a little 308N・355・356N
- Not a single ~ .（倒置） 463N
- not A until [till] B 420
- not + all 328
- not always 326
- not ~ any longer 316
- not because A but because B 441
- not + both 325
- not + either 317N
- not go so far as to (do) 320
- Not having + p.p.（分詞構文） 164
- nothing but ~ 351N・353
- Nothing is like ~ . 304N
- Nothing is the matter with ~ . 30
- Nothing is wrong with ~ . 60N
- Nothing ~ less ~ than ... 300

INDEX 183

- [ ] nothing less than ～　　294
- [ ] Nothing ～ more ～ than ...　　300
- [ ] Nothing ～ so ～ as ...　　299
- [ ] Not ～ ing（分詞構文）　162
- [ ] Not knowing what to say　　162
- [ ] not less A than B　　276N
- [ ] not less than ～　　278
- [ ] not more than　　292
- [ ] not much of a ～　　502N
- [ ] not necessarily　　90
- [ ] Not only A but also B　　440
- [ ] not ～ so [as] ～ as ...　　273
- [ ] not so ～ as to (do)　　133
- [ ] not so much A as B　　41・275N・279
- [ ] not so much as ＋原形　　305
- [ ] not such ～ but ...　　330
- [ ] Not that ～.　　445
- [ ] not ～ the less because ...　　286N
- [ ] not ～ the less for ...　　286
- [ ] not to (do)（～しないなんて）　　134
- [ ] not to mention ～　　340
- [ ] not to say ～　　343
- [ ] Not until ～　　354N・462
- [ ] not ～ until ...　　354・462N
- [ ] not ＋ yet　　80
- [ ] now that ＋ S ＋ V　　414

O

- [ ] object to (one's) ～ ing　　197
- [ ] Of ＋名詞（～の中で）　　530
- [ ] of one's own　　363
- [ ] of which　　247
- [ ] on account of　　28・473N
- [ ] on earth　　454
- [ ] on [upon] ～ ing　　207
- [ ] on one's way　　433
- [ ] on the ground(s) that　　360
- [ ] on time　　190
- [ ] once（接続詞）　413・413N
- [ ] once every two ～　　198
- [ ] one in a while　　526N
- [ ] one（人）　　499
- [ ] one ～ after another　　490
- [ ] one another　　489
- [ ] , one of whom　　236N
- [ ] one/the other　　495
- [ ] one third as ～ as ...　　267
- [ ] one [he] who ～　　208N
- [ ] only a few　　67
- [ ] only to (do)　　138
- [ ] only too　　540
- [ ] Only when ～　　456
- [ ] Only yesterday ～　　461
- [ ] order A from B　　520
- [ ] O ＋ S ＋ V（倒置）　　463
- [ ] ought not to (do)　　166
- [ ] ought not to have ＋ p.p.　　99

INDEX

- ought to have known better than to (do) 345N
- ought to have + p.p.「〜してしまっているはずなのに」 104
- owe A to B 224
- owe it to + 人 + that 〜 533
- owing to + 名詞 473N

P

- p.p. + as + S + is（分詞構文） 171
- p.p. で始まる分詞構文☞過去分詞で始まる分詞構文 (K)
- prefer A 〜 ing to B 〜 ing 259N・193
- prefer A to B 493
- prefer to (do) A rather than to (do) B 259
- prevent [keep] A from 〜 ing 473
- prove [turn out] to be 〜 229
- provided (that) 359

Q

- quite a few 158

R

- rather A than B 280
- A rather than B 281
- reason why 〜 242
- refrain from 〜 ing 204
- regret not having + p.p. 196
- remain silent 162
- remember + 〜 ing 186
- remember + O + 〜 ing 186N
- remember A of B 477
- rob A of B 71・71N
- Rumor has it that 〜. 532

S

- save + O + O 470
- scarcely 〜 before ... 417・512N
- second to none 194
- see if 〜 125
- see + O + 原形 47・77N
- see to it that 〜 34
- Seeing that 〜 176
- seem to have been 143
- seem to have + p.p. 144
- seen from 〜 160
- seldom 487N
- seldom, if ever, 324
- senior to + 名詞 257N
- Shall I 〜 95
- shall not「〜させないぞ」 94
- should（感情・判断） 8
- should have known better than to (do) 101

- should have + p.p.「〜してしまっているはずだ」 103
- should have + p.p.「〜すべきだった」 101・102
- Should + S + V（仮定法未来） 377
- since「〜以来」 503
- so as not to (do) 142
- so 〜 as not to (do) 128
- so 〜 as to (do) 127
- so [as] far as A is concerned 405
- so [as] far as A knows 406
- so +形+ a(n) +名詞 133
- so long as 〜 24・407
- So much so that 〜. 534
- So 〜 that ... 459
- so 〜 that ... 434・459N
- so that A will (not) 432
- , so that + S + V（結果） 433
- so to speak [as it were] 385
- some/others 494
- something of a 502
- spend + time + (in) 〜 ing 463
- start 〜 ing 489
- still [much] less 〜 262
- , still [much] more 〜 261
- such A as B（関係代名詞） 226
- such + a +形容詞+名詞 298
- such [that] being the case 168
- Such 〜 that ... 458
- such 〜 that ... 435・435N
- such that 〜 436
- suggest + (to +人) + that 〜 361
- superior to +名詞 258
- Suppose [Supposing] + S + V 376・376N

T

- take A to B 466
- take a week off 517
- take care not to (do) 135N
- take care of oneself 370
- take 〜 for granted 36N
- take it easy 414
- take it for granted that 〜 36
- Take 〜 with you. 358
- tell +人+ not to (do) 201・243
- Thank you so much for 〜 4N
- that（接続詞）「〜とは／なんて」 431
- that（接続詞）「〜して」 411・542
- that（関係代名詞） 211・212・215・216・222・231

- that [such] being the case 168
- that of 〜 492
- That + S + V「〜ということ」 447
- That's because 〜 243N
- That's how 〜 244
- That's why 〜 243
- The belief is commonly held that 〜. 482
- (The) chances are (that) 〜. 58・448
- The day will surely come when 〜. 239
- the 最上級 〜 that (has) ever + p.p. 272
- the extent [degree] to which 250
- The fact is that 〜. 449
- The fact remains that 〜. 483N
- the fact that 〜 451・464N
- the former/the latter 493
- the ＋比較級＋ of the two 260
- The ＋比較級, the ＋比較級 264
- The idea never crossed A's mind that 〜. 481
- the idea that 〜 481N
- the last 〜「決して〜ない」 346
- The last time + S + V（接続詞） 416N
- The less 〜, the more ... 265N
- the man that he was 222
- the mere sight of 457
- the moment [minute/instant] + S + V 426・512N
- The more 〜, the less 〜 265
- the most 〜 + A + had ever + p.p. 271
- the most 〜 of all 301N
- the most 〜 that (has) ever lived 272
- The mystery remains why 〜. 483
- (the) next time + S + V（接続詞） 416
- the only one「唯一の人」 295N
- The problem [trouble] with A is that ... 450・450N
- the ＋最上級（even の省略） 296・296N
- the same A as B（関係代名詞） 214
- the same 〜 that ... 213
- The [A] time will come when 〜 239N
- The trouble [problem] with A is that 〜. 450
- The truth is that 〜. 449N

- the very 〜 that（関係代名詞） 212
- the way in which 248
- the way it is 427N
- the way + S + V 254・255
- There are few 〜 but ... 220
- There are only a few 〜 left. 67
- There are some cases where〜. 240
- There being no 〜, 66
- There is [are] 〜 left. 67N
- There is [are] +名詞+〜 ing 67N
- There is [are] +名詞+ p.p. 67
- There is littele chance of + A('s) +〜 ing. 322
- There is no 〜 but ... 219・334
- There is no 〜 ing. 69・451
- There is no one but 〜. 334
- There is no one who does not 〜. 334N
- There is no sense [point/use] in + A +〜 ing. 62
- There is nothing A can do but +原形. 63
- There is nothing for A to do but +原形〜. 65
- There is nothing 〜＋比較級＋ than 〜. 68N
- There is nothing like 〜. 541
- There is nothing like 〜 ing 304N
- There is nothing 〜 so 〜 as 68
- There is nothing so 〜 that not ... 335
- There is nothing wrong with + A +〜 ing. 60
- There is quite a chance of A('s) +〜 ing. 322N
- There may come a time when 〜. 64
- There must be something wrong with 〜. 61
- There once lived 〜. 66N
- There used to be 〜. 70
- There were few 〜 that 〜 not ... 219N
- They say (that) 400
- This is the 〜th time that A has + p.p. 508
- those of 〜 491
- those who 208
- 〜 though [as] + S + V(譲歩) 227
- , till [until] 438
- 〜 times ＋比較級＋ than ... 266N

- [ ] to be frank with you, 254
- [ ] to 不定詞（名詞用法） 106
- [ ] to 不定詞（副詞用法）「〜するには」 124
- [ ] to 不定詞（副詞用法）「〜して」 122・540
- [ ] to 不定詞（if のない仮定法） 381
- [ ] to 不定詞（形容詞用法） 111・113・114
- [ ] to have + p.p. 147
- [ ] to one's ＋感情名詞 155
- [ ] to put it frankly 281
- [ ] to say nothing of 341
- [ ] to see if 125
- [ ] to tell the truth 82
- [ ] to the best of one's knowledge 406N
- [ ] to the effect that 〜 452
- [ ] too 〜 for 〜 to ... 137
- [ ] too ＋形＋ a(n) ＋名詞 136
- [ ] too 〜 to ... 136
- [ ] try as A may 386
- [ ] try 〜 ing 508
- [ ] try not to (do) 221
- [ ] turn ＋補語 426・512
- [ ] turn out [prove] to (be) 178・229

U

- [ ] under [in] no circumstances 342
- [ ] unless 487
- [ ] unlike 242
- [ ] , until [till] 438
- [ ] upon [on] 〜 ing 207
- [ ] used to (be) 274
- [ ] used to (do) 82

V

- [ ] very few 323
- [ ] very few ＋複数名詞 140

W

- [ ] want 〜 ing 199・199N
- [ ] want ＋ O ＋ p.p. 57
- [ ] want ＋ O ＋ to (do) 232
- [ ] want there to be 〜 535
- [ ] We [I] often hear it said that 〜 32
- [ ] Were it not for 367N
- [ ] Were I you (仮定法) 366N
- [ ] what（関係代名詞） 217・223・225
- [ ] what A has 279
- [ ] what A is (today) 224・279
- [ ] what A used to be 223

☐ What do you say to ~ ing?	200	☐ while（接続詞）「~の間」	423
☐ What ~ for?	517	☐ while ~ ing	184
☐ What if A should ~ ?	379	☐ Who but ~ ?	455・455N
☐ what is called	234	☐ Who that ~ ?	231
☐ What is it that ~ ?	43	☐ whoever	218・233
☐ What is the use [good] of ~ ing?	523	☐ whose	209・209N
		☐ Why ~ ?	517N
☐ what it is like to be ~	27N	☐ why（関係代名詞）	242
☐ what it is like to (do)	27	☐ Why don't you ~ ?	520
☐ what + become of ~	518	☐ Why not +原形~ ?	521
☐ what little ~	227	☐ will do	407
☐ what to do	112	☐ will have + p.p.	509
☐ whatever（複合関係代名詞）	232	☐ wished [wanted/hoped] to have + p.p.	148
☐ whatever（譲歩）	390N・392N	☐ with（付帯状況）	513・514・515
☐ , when	203・245	☐ With（仮定法）	373
☐ when（譲歩）	404	☐ with a view to ~ ing	180
☐ when it comes to ~ ing	194	☐ with all	268
☐ When was it that ~ ?	40	☐ with + O + ~ ing	513
☐ whenever + S + V	412	☐ with + O +形容詞	515N
☐ , where	246	☐ with + O + p.p.	514
☐ where（関係副詞）	240・241	☐ with + O +前置詞句	515N
		☐ with the result that ~	437
☐ whether it is true not	391N	☐ without（仮定法）	374
☐ whether ~ or not（譲歩）	403	☐ without so much as ~ ing	306
☐ whether ~ or not（名詞）	403N・442	☐ wonder if ~	418
		☐ worth ~ ing	181
☐ which	210	☐ would as soon A as B	86N
☐ , which	235	☐ would have + p.p.	382

- ☐ would like + O + to (do)
  44・498
- ☐ would not　　　　85
- ☐ would (often)　　　83
- ☐ would rather [sooner] A than B　　　　　　　　86
- ☐ would rather ＋原形　84N
- ☐ would rather not ＋原形　84
- ☐ Would you be kind enough to (do) ~ ?　　　127N
- ☐ Would you be so kind as to (do) ~ ?　　　　　127
- ☐ Would you mind ~ ing?　97
- ☐ Would you mind not ~ ing?
  185

Y

- ☐ ~ years have passed since ...
  503・504N
- ☐ You have only to (do)
  141・256N
- ☐ You shall ~　　　　94N
- ☐ You shall not ~　　　94

Z

- ☐ 前置詞＋関係代名詞
  247 ~ 253

大学生の最重要英語構文 540 タッチダウン　　　　CD 付

1 刷　　2015 年 2 月 23 日

著　者　　　　　吉　　　ゆうそう
イラスト　　　　さとう　　有作
発行者　　　　　南　雲　一　範

印刷所　　　　日本ハイコム株式会社
製本所　　　　有限会社　松村製本所
発行所　　　　　株式会社　南　雲　堂
　　　東京都新宿区山吹町 361 番地／〒 162-0801
　　　振 替 口 座・0 0 1 6 0 - 0 - 4 6 8 6 3
　　　電話（書店関係・営業部）　(03) 3268-2311
　　　フ ァ ク シ ミ リ　(0 3) 3 2 6 0 - 5 4 2 5

乱丁・落丁本はご面倒ですが小社通販係宛ご送付下さい。
送料小社負担にてお取替えいたします。　〈検印省略〉

Printed in Japan 〈B-797〉
ISBN978-4-523-17797-5　C0082